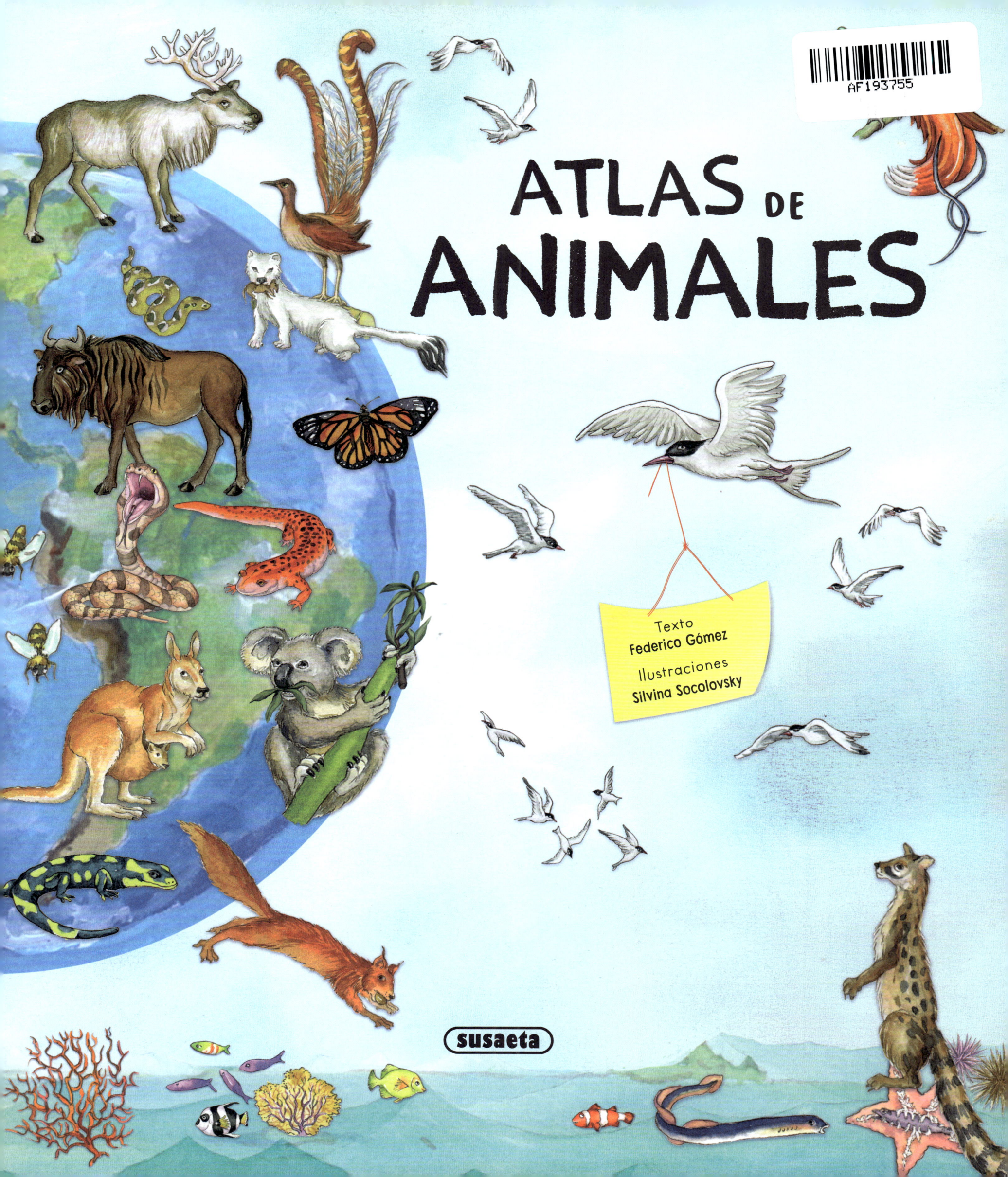

ATLAS DE ANIMALES

Texto
Federico Gómez

Ilustraciones
Silvina Socolovsky

susaeta

EL REINO ANIMAL

Los cinco reinos

Reino fungi
Hongos

Reino animal
Animales

Reino vegetal
Plantas

Reino protista
Amebas

Reino monera
Bacterias

... o Animalia: así se conoce el reino de los animales, uno de los cinco reinos en los que la biología agrupa a los diferentes seres vivos que existen y han existido en la Tierra.

Al reino animal pertenecen alrededor de 2 millones de especies conocidas en todo el mundo.

15 %

85 %

Pero, fíjate, ¡se calcula que queda aún por descubrir un 85 % de las especies de este reino!

Porcentaje de los animales conocidos y por conocer.

Los animales se distribuyen por todos los ecosistemas de la biosfera terrestre.

Habitan este planeta desde hace unos 600 millones de años.

De todos los reinos, el de los animales es el más complejo y evolucionado dentro del árbol de la vida.

Dentro del reino animal podemos encontrar desde microorganismos hasta animales vertebrados de gran tamaño como los mamíferos; desde un ácaro a una jirafa.

Nosotros, los humanos, también pertenecemos al reino animal.

¡Bienvenidos a nuestro reino!

¡Prrr, prrr, prrr!

¡Holaaa!

¡Auuu, auuu!

¡Grr, grrr!

¡Guau, guau!

¡Miaaauuu!

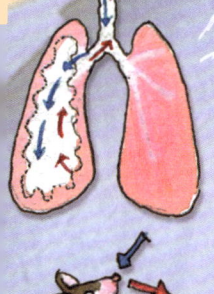

¿Qué son los animales?

La palabra «animal» proviene del latín *animalis*, que se podría traducir como 'criatura que respira'.

Son un enorme grupo de seres vivos con una gran diversidad, tanto en la **anatomía** de sus cuerpos y organismos, como en sus **conductas** y **hábitats**. Todos comparten ciertas **características** comunes.

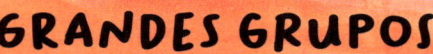

GRANDES GRUPOS

Todos los reinos se organizan en grupos. En el caso de **los animales** hay **vertebrados** e **invertebrados**, y ambos, a su vez, se dividen en subgrupos llamados **filos**.

Los vertebrados se clasifican en: peces, anfibios, reptiles, aves y mamíferos. También se agrupan en clases, familias y especies.

Soy un **vertebrado**, un **pez**, un **tiburón**.

CARACTERÍSTICAS

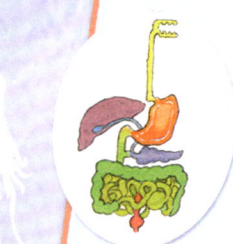

- Son organismos **pluricelulares**.
- Sus **células** poseen **núcleo** y forman **tejidos** que se organizan en órganos y sistemas complejos.
- Son **heterótrofos**: no producen su propio alimento sino que **ingieren** vegetales o animales.

- **Respiración aerobia**: significa que consumen oxígeno.
- **Reproducción sexual** en la mayoría de las especies.
- Cuentan con un complicado **sistema nervioso**, además de **órganos sensoriales**.
- Tienen la capacidad de **moverse** de forma **autónoma** y **voluntaria**.

Soy **un ave** y me llamo **ave del paraíso**.

Soy **un mamífero**: un **dromedario**.

Yo pertenezco a los **anfibios**, y soy una **salamandra**.

Más conocimiento

Gracias a los científicos dedicados a investigar y organizar la información, **cada día sabemos más sobre los animales**, cada día se van descubriendo nuevos datos que van **ampliando nuestros conocimientos**.

LA ZOOLOGÍA

Es la **rama de la ciencia** que **estudia** a **los animales** desde distintos puntos de vista, como el **hábitat**, la **anatomía**, la **genética** y el **comportamiento**.

Los científicos se han interesado por los animales desde la antigüedad.

Carlos Linneo

Vivió en el siglo XVIII y fue uno de los primeros en proponer una **clasificación sistemática** de los animales y las plantas. Después de él hubo muchos otros.

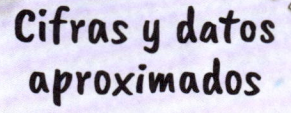

Cifras y datos aproximados

Todo va cambiando muy rápido, tanto las **cifras** como los **datos** que se dan sobre el reino animal, por eso **lo que se publica puede tener a veces leves variaciones** según quién lo cuente.

CLASIFICACIÓN DE

Hay millones de animales en el planeta y distintas formas de clasificarlos, según atendamos a unas características u otras. Aquí te mostramos algunas.

POR SU ESQUELETO:

INVERTEBRADOS

No tienen columna vertebral ni huesos.

Algunos poseen un esqueleto externo que protege su cuerpo blando.

Suelen ser animales de pequeño tamaño.

¿Cuántas especies hay?

Un 95 % de los animales son invertebrados. Se calcula que se conocen alrededor de 1 800 000 especies.

Según su alimentación:

Los carnívoros son aquellos que se alimentan de otros animales.

Los herbívoros comen vegetales.

Los omnívoros ingieren tanto vegetales como animales.

Con protección corporal:

Sin protección corporal:

ANÉLIDOS

Viven en tierra y sobre todo en el agua.

Hay cerca de 20 000 especies descritas.

Gusanos

Lombrices

Sanguijuelas

Tienen el cuerpo segmentado en anillos.

CNIDARIOS

Son animales acuáticos marinos.

Se calcula que hay unas 11 000 especies vivas actualmente.

Medusas

Pólipos Corales

Forman comunidades.

PORÍFEROS

Son animales acuáticos que habitan en colonias agarrados a las rocas. Son carnívoros.

Esponjas

Hay unas 9000 especies. Y muchas de ellas ya se han extinguido.

ARTRÓPODOS

Existen 1 200 000 especies, aproximadamente.

Miriápodos

ciempiés

Crustáceos

cangrejo

Arácnidos

Araña

Insectos

Mariposa

EQUINODERMOS

Viven en el fondo del mar.

Existen unas 7000 especies vivientes y 13 000 fósiles.

Estrella de mar

Erizo de mar

MOLUSCOS

Se caracterizan por tener un cuerpo blando, cubierto de concha o valvas. Son unas 100 000 especies.

Bivalvos

Almeja

Gasterópodos

Caracol

Cefalópodos

Pulpo

LOS ANIMALES

Aún queda por estudiar un gran porcentaje de las especies existentes.

VERTEBRADOS

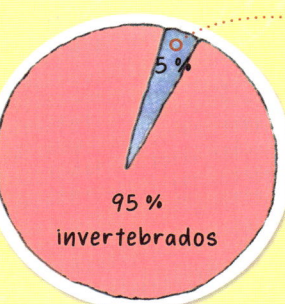

5%

95% invertebrados

El **5%** de las especies restantes **corresponde a los animales vertebrados**. Son unas **64 000 especies** conocidas.

Su cuerpo está formado por una **columna vertebral** y un **esqueleto interno articulado**.

Poseen **cabeza, tronco y extremidades**.

Su **sistema nervioso** está muy **desarrollado**.

Según su hábitat:

Terrestres: desarrollan su vida en la tierra.

Acuáticos: viven en el agua.

Acuático-terrestres: se adaptan tanto al agua como a la tierra, como los anfibios.

Aéreos: pueden volar o desplazarse por el aire.

Aéreo-terrestres: sobreviven tanto en el aire como en el agua.

Sangre fría:

PECES

Su medio es el **agua**. Respiran mediante **branquias** y tienen el cuerpo cubierto de **escamas**.

Existen unas **30 000 especies**.

Carpa

Atún

Caballito de mar

ANFIBIOS

Se adaptan tanto al **agua** como a la tierra.

Son **los únicos** vertebrados que **realizan metamorfosis**.

Hay **7500 especies**.

Rana

Salamandra

Tritón

REPTILES

Se desplazan **reptando**.

Existen cerca de **10 000 especies**.

Serpiente

Tortuga

Cocodrilo

Camaleón

Sangre caliente:

AVES

Tienen **plumas**. Sus **huesos** son ligeros y porosos para poder volar. Existen unas **18 000 especies**.

Colibrí

Flamenco

Oropéndola

MAMÍFEROS

Tienen **mamas** para alimentar a sus crías. Son unas **5500 especies**.

Leopardo

Oso

conejo

Manatí

7

LOS ANIMALES EN

A lo largo de la historia, los animales han jugado un **papel muy importante en las sociedades** a las que pertenecían.

Eran admirados y hasta **venerados como dioses, mitos,** o simplemente por depender de una forma u otra de ellos.

BÚFALO
Indios norteamericanos

Son muchas las tribus que tenían al búfalo y al **bisonte como ejes de su** vida, tanto a nivel ceremonial como cotidiano. El búfalo **representaba abundancia** y dependían de él **para la comida, ropa y vivienda.**

FOCA – BALLENA
Esquimales

Su modo de vida se ha basado siempre en la caza de ballenas y focas. Comen su carne, utilizan la grasa como combustible y las pieles para fabricar **ropa** y construir kayaks o canoas.

JAGUAR
Olmecas, mayas, aztecas

Para los olmecas, mayas y aztecas el jaguar es considerado un animal sagrado. Representa la energía de la naturaleza y es el protector de la selva. Aparece frecuentemente en el arte de estos pueblos. Simboliza el valor guerrero; en muchas ceremonias **visten su piel.**

TORO
Íberos

Estos pueblos consideraban al toro como un **símbolo de las fuerzas positivas de la** naturaleza y la **fertilidad,** por su valentía y su presencia. La figura del toro ya aparece en escenas de caza en pinturas rupestres de numerosas **cuevas de la península ibérica.**

CÓNDOR
Los Andes del sur

Era considerada un ave de luz, y se la asociaba al **sol,** la fertilidad y la **abundancia.** El que la cazaba era castigado con la **pena de muerte.**

Búfalo
Foca y ballena
Águila
caballo
Jaguar
Toro
Tigre
Gato
Vaca
cóndor
León
cocodrilo

LAS DISTINTAS CULTURAS

Reno
Nómadas del Ártico ruso.

CABALLO

Mongolia

«Un mongol sin su caballo es como un pájaro sin alas».

Además de proporcionar prestigio, utilizaban la leche de la yegua para fabricar el kumis, una especie de yogur. También se servían de su carne, su piel y de su fuerza para el trabajo. Resultó ser su principal aliado en la época de Gengis Kan.

TIGRE

China

Es el animal más representativo para los chinos. Admirado como un dios, significa valentía, felicidad y poder. Además, también creen que ahuyenta a los malos espíritus.

ÁGUILA

Roma

Era el máximo símbolo del poder y figuraba en los estandartes de las legiones romanas. Había que defenderlo con la muerte si era necesario.

GATO

Egipto

El dios egipcio gato es en realidad una gata que representa a la diosa Bastet, protectora del hogar y los humanos. Para los egipcios, los animales encarnaban a muchos de sus dioses. A Anubis lo representaba un chacal, a Osiris el toro, y a Horus el halcón.

VACA

India

Para los hindúes, las vacas son sagradas y un símbolo de fertilidad. La ley prohíbe expresamente su maltrato y su consumo como alimento.

LEÓN

Masái

Es el animal con el que pelear, pues cuando los jóvenes se convierten en guerreros tienen que cazar uno para demostrar su coraje y valor. También las vacas son muy importantes para los masáis, pues su sangre forma parte de la alimentación de este pueblo.

COCODRILO

Papúa Nueva Guinea

Los habitantes de esta zona del mundo creían que sus antepasados eran cocodrilos. Por eso se hacían pequeños cortes en la piel para parecerse a estos animales.

HÁBITATS DEL MUNDO

Los hábitats **son espacios geográficos con determinadas características físicas y biológicas** en los que viven y se desarrollan seres vivos adaptados a esas condiciones.

El hábitat de los animales es **indispensable para su subsistencia.** Todo lo que sucede en esos medios influye en la comunidad de especies que viven allí.

Aquí te mostramos **algunos de ellos,** localizados en los **mapas.**

El relieve y el clima

Las **precipitaciones,** la temperatura, el **viento,** la **luz,** la **altitud** del relieve y la **latitud** en el planeta son **factores que configuran el hábitat.**

Diversidad de hábitats

Se clasifican en:

Terrestres: bosque, selva, pradera, sabana, taiga, estepa, desierto (frío y cálido), tundra...
Acuáticos: ríos, lagos, lagunas, arrecifes de coral, estuarios, zonas costeras, manglares...

DESIERTOS FRÍOS

La Antártida es el desierto más grande de la Tierra. Los desiertos fríos son zonas en las que llueve muy poco, y suele ser en forma de nieve, y además la temperatura es muy baja.

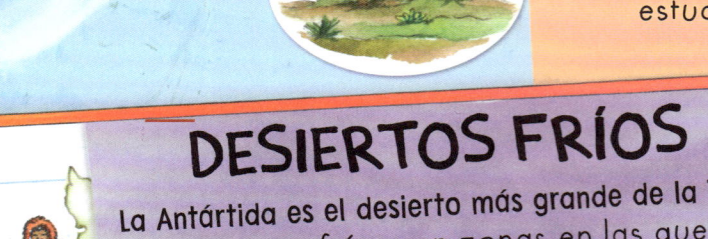

Narval

DESIERTO HELADO DEL ÁRTICO

Aquí se acumula el **80 %** del **agua dulce** del planeta. En él se reflejan los rayos solares y tiene una influencia decisiva en el clima de la Tierra y en la vida de los océanos debido a las corrientes marítimas que se generan.

Las **temperaturas** son **muy bajas,** entre -20°C y -40°C, pero pueden llegar hasta los -80°C y, como máxima, alcanzar los 10°C.

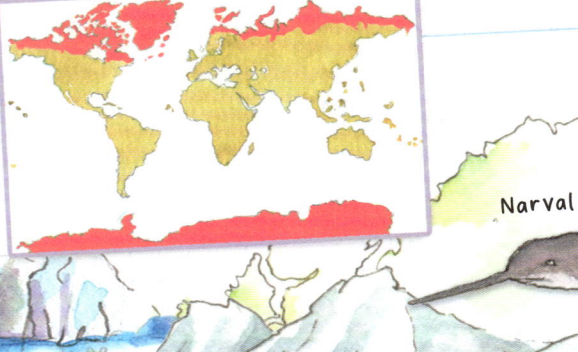

Zorro polar

Foca

Oso polar

Es uno de los **carnívoros** más grandes de la Tierra, y se alimenta fundamentalmente de focas, aunque también es **carroñero.** Se mimetiza muy bien con el paisaje por su **pelo blanco.** Vive en aguas heladas del Ártico.

Ballena de Groenlandia

Foca capuchina

Los machos utilizan esta **bolsa roja hinchable** para el **cortejo** de la hembra. Vive en el Ártico y el Atlántico norte.

Oruga oso lanudo

Esta **oruga** es capaz de pasar los inviernos con su **organismo congelado.** Tarda varios años en convertirse en polilla. Vive en el Ártico.

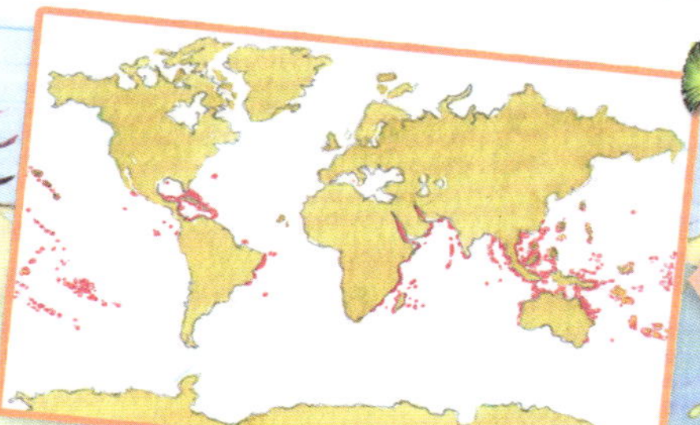

ARRECIFES DE CORAL

Son ecosistemas marinos de aguas cálidas formados por grupos de corales y estructuras rocosas.

Anémona

Pez payaso

MAR DEL CARIBE

Los arrecifes se desarrollan cercanos a la costa, a poca profundidad.

En este hábitat viven la **cuarta parte de las especies marinas**.

En ellos se reúne una **gran comunidad de animales**: corales, esponjas, peces, etc., **junto con especies vegetales** como algas y hierbas marinas.

Hay cerca de **600 especies distintas de corales**.

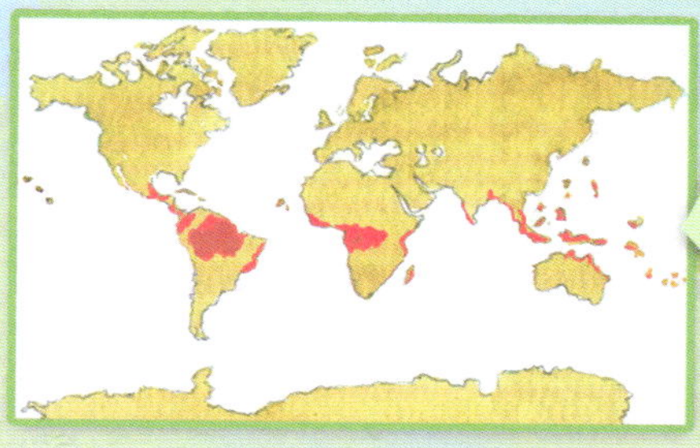

Esponja

Coral

Erizos de mar

Están totalmente cubiertos por espinas. Se alimentan de algas y también de restos de animales muertos.

Estrella de mar

Es un **carnívoro** muy voraz, capaz de abrir una almeja o una ostra. Para comérselas, sacan el estómago fuera de la boca.

Coral y esponja

Se encuentran entre los animales **más antiguos**, crecen solo unos milímetros al año y **pueden llegar a vivir miles de años**.

Morena

Pez ángel

LAS SELVAS

Son extensos territorios cubiertos de vegetación, característicos de **zonas cálidas y muy lluviosas**, como el área del ecuador.

Delfín del Amazonas

Mono ardilla

SELVA AMAZÓNICA

Tiene un enorme valor pues alberga una **gran biodiversidad**.

Es el **hábitat terrestre** que produce más oxígeno y más CO_2 absorbe.

Solo el **2 % de la luz** que llega a la selva **alcanza el suelo**. ¡Fíjate en la **cantidad de árboles** que hay en ella!

Capibara

Es el roedor más grande del mundo. Puede medir hasta 1,5 m de largo. Vive cerca del agua, en grupos pequeños. Al jaguar le encanta comérselo.

Rana azul

Jaguar

Está considerado el **mayor felino de la selva**. Solitario, se camufla gracias a su característico **pelaje**. Es un animal **carnívoro**, se come cualquier animal, ¡incluso se atreve a cazar caimanes!

Anaconda

Tucán

Su **gran pico** mide casi un tercio de su longitud. **Come un poco de todo**, mucha fruta, insectos, lagartijas, huevos...

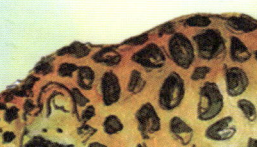

BOSQUES

Son hábitats con una **alta densidad de árboles**, arbustos y una gran variedad de flora y fauna. Ocupan un tercio de la superficie terrestre.

Lobo

Águila

Jabalí

Tiene una **piel durísima** cubierta por **cerdas punzantes**. Su olfato es extraordinario, le permite encontrar comida bajo tierra. **Vive en manadas.**

Gineta

Mamífero **carnívoro** solitario, tiene hábitos nocturnos. Es **muy ágil**, capaz de trepar por los árboles. **Gran cazador** de ratones, pájaros, reptiles y hasta de huevos.

Ardilla

Este pequeño **roedor** almacena la comida en escondites para pasar el invierno. Algunas ardillas pueden planear hasta casi 50 m. ¡Parece como si volaran!

CENTROEUROPA

En el mundo, hay **varios tipos de bosques**, según el clima: **templado, boreal, tropical y subtropical.**

Los **caducifolios** pierden las hojas y los **perennifolios** las conservan todo el año.

Absorben CO_2 y desprenden **oxígeno** purificando el aire y el agua. El suelo boscoso es muy rico en nutrientes.

En Centroeuropa reina el **bosque caducifolio**, compuesto por robles, abedules, fresnos y muchísimas variedades de plantas.

DESIERTO DEL SÁHARA

Es el desierto cálido más extenso del mundo y el tercer desierto más grande después de la Antártida y el Ártico.

Por el día la temperatura puede alcanzar los 50 °C, aunque por la noche llega a bajar hasta -10 °C.

La fauna es muy reducida. Abundan los reptiles, que son animales de sangre fría. La vegetación es escasa y se caracteriza por almacenar agua en su interior, como los cactus.

DESIERTOS CÁLIDOS

Ocupan el 30 % de la superficie de la Tierra. El clima es extremo. Pueden ser de arena o de piedras.

Zorro

Buitre

Camello

Es un animal típico del desierto. Puede beber 100 litros de agua de una vez y aguantar diez días sin recuperarla. Su joroba es un almacén de grasas que le permite resistir sin comer hasta 4 o 5 meses.

Diablo espinoso

Es un tipo de lagarto que se alimenta fundamentalmente de hormigas, y recoge el agua del rocío sobre su piel para poder beberla.

Escorpión

Este animal es un artrópodo **muy venenoso**. Tiene pelos en las patas y en el cuerpo que le aportan una mayor sensibilidad a la temperatura del aire. Come de todo y se hidrata a través de sus presas.

ASIA SIBERIANA

ESTEPA: Alejada de las costas, presenta **suelos secos**, escasas precipitaciones y temperaturas elevadas en verano y bajas en invierno. Predominan las **hierbas bajas y matorrales**. El suelo contiene **muchos minerales**.

TUNDRA: Estepa fría que se caracteriza por un **clima frío y ventoso**. Presenta en gran parte de su superficie una capa de tierra helada llamada **permafrost**.

Su biodiversidad es **muy baja**: **pocas plantas** (musgos, líquenes) y **escasos animales**.

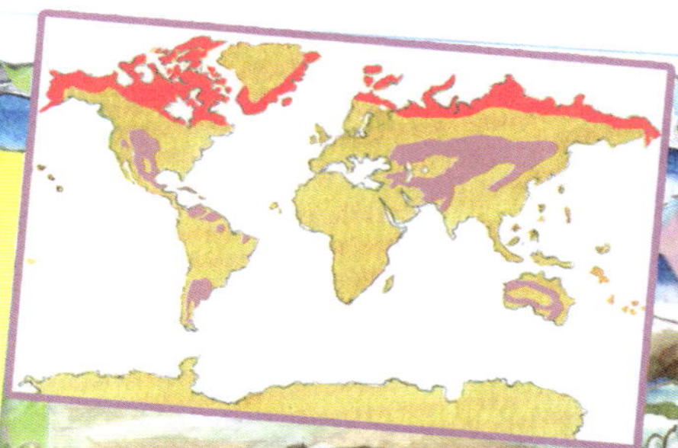

ESTEPA Y TUNDRA

Son grandes llanuras sin árboles, de vegetación baja, clima extremo y donde casi no llueve.

Ciervo

Caballos

Armiño

Este ágil mamífero carnívoro es muy pequeño, apenas **pesa 100 g**. Cambia de color según la estación. Habita en bosques y estepas, generalmente en zonas abiertas.

Búho nival

Es una de las rapaces diurnas más grandes: sus **alas** pueden llegar a medir 1,50 m. Caza ratones, liebres, marmotas y conejos. En verano vive en la tundra ártica.

Bisonte

Caribú o reno

Mamífero de la familia de los ciervos, **sirve de alimento** a los **lobos** y a muchas **tribus indígenas** de la tundra del hemisferio norte, como **los inuit**.

SABANA

Una gran llanura con **temperaturas altas, pocos árboles** y numerosas plantas herbáceas. Es propia de **zonas tropicales y subtropicales**.

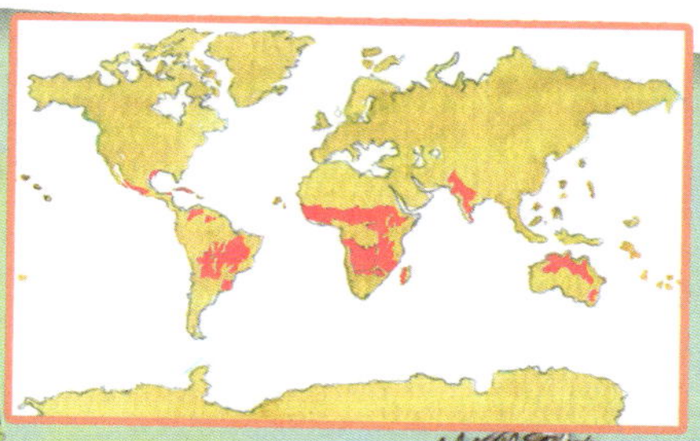

Serpiente

Canguro

Es un **marsupial herbívoro** exclusivo de Australia. El más grande es el **canguro rojo** y el más pequeño el **ualabí**.

Ornitorrinco

Koala

Parece un oso pero es un **marsupial**. Se caracteriza por **dormir 18 horas al día**. Es más de bosque de **eucaliptos** que de sabana: su comida favorita son sus hojas.

Equidna

Este mamífero **se alimenta** con su **larga lengua** de hormigas y otros insectos. **No tiene dientes** y su cuerpo está cubierto de **espinas**. Habita en toda Australia.

AUSTRALIA

Se encuentra en **el continente más pequeño** del mundo. Por su aislamiento, ha creado hábitats muy particulares. Muchos de los **animales de este lugar son únicos en el planeta**.

Las sabanas tienen muy marcada la diferencia entre las **estaciones** seca y húmeda. Por eso, los animales se reúnen en **grandes manadas** para emigrar en busca de agua.

La sabana australiana es tal vez la menos conocida de las sabanas del mundo. Tiene **mayor densidad de árboles** que la africana o la india.

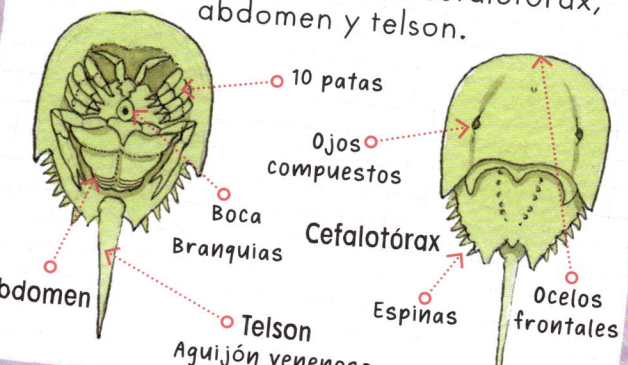

LOS ARTRÓPODOS

Tienen **patas articuladas** y un esqueleto externo (**exoesqueleto**) que los protege. Aparecieron en la Tierra **hace unos 500 millones de años**. Fueron los primeros animales en salir del mar.

¿ARTRO... QUÉ?
Artro: articulado.
Podo: pie.

Poseen una adaptabilidad increíble.

Ocuparon tierra, agua y aire. Su fisonomía **no ha cambiado mucho** desde que abandonaron el mar.

Hay más de un millón de especies de artrópodos, alrededor del **80% de las especies animales** que existen en el planeta.

Artrópodos	Plantas	Otros invertebrados	Vertebrados	Hongos, bacterias

Esquema del cangrejo de herradura

Dividido en tres partes: cefalotórax, abdomen y telson.

10 patas · Ojos compuestos · Boca · Branquias · Cefalotórax · Abdomen · Telson · Aguijón venenoso · Espinas · Ocelos frontales

Los artrópodos son el grupo más numeroso del reino animal.

LOS MÁS ANTIGUOS

Euriptéridos

Se conocen como **escorpiones marinos**, porque su cuerpo recuerda mucho al de estos animales, aunque **no tenían veneno**.

Anomalocaris

Poseían **dos largos apéndices** delanteros para cazar y una **boca dentada** en forma de disco.

Cangrejo de herradura

Todavía podemos encontrarlos en nuestros océanos. Miden 50 cm y pueden vivir hasta 40 años.

Su **sangre**, hemolinfa, se usa en medicina.

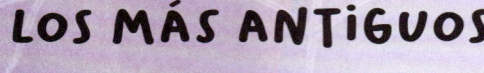

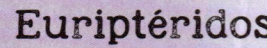

¡Eran enooormes!
¡Mira!

Anomalocaris · Euriptérido · Libélula

¿Cómo crecen?

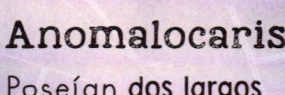

¿Sabías que...?
Las libélulas se encuentran entre los **insectos más antiguos**. Las primeras que habitaron en la Tierra eran **gigantescas**.

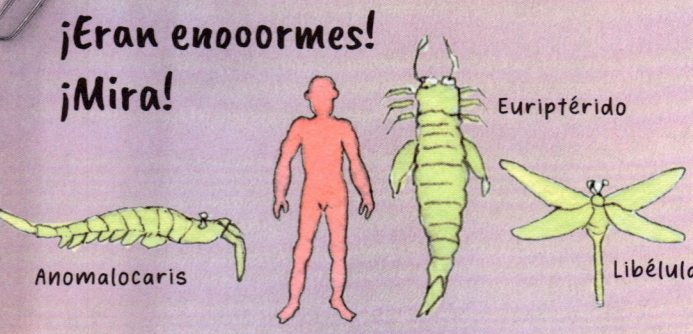

Muda

Muda

Los artrópodos tienen un esqueleto externo. Crecen mediante un proceso llamado **muda**.

Debajo del exoesqueleto hay **otro más blando** desarrollándose. Cuando este está preparado,

el animal «se quita» el viejo y así da la oportunidad de crecer al tejido blando.

LOS ARTRÓPODOS SE DIVIDEN EN:

INSECTOS

Es el grupo de animales más diverso del planeta. La mayoría tiene **un par de antenas, tres pares de patas y** (no todos) **dos pares de alas.** Hay alrededor de **un millón de especies** descritas.

El cuerpo está dividido en tres partes: cabeza, tórax y abdomen.

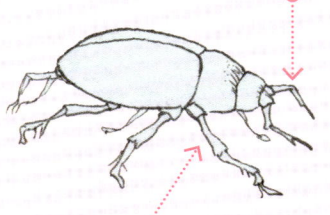

Antenas

Tres pares de patas

Saltamontes

Moscas, pulgas, cucarachas, mariposas, grillos, etc.

ARÁCNIDOS

Son por lo general **carnívoros.** Tienen mandíbulas para triturar el alimento. **Poseen dos corazones** y **carecen de antenas.**

El cuerpo está dividido en dos partes: cabeza-tórax y abdomen.

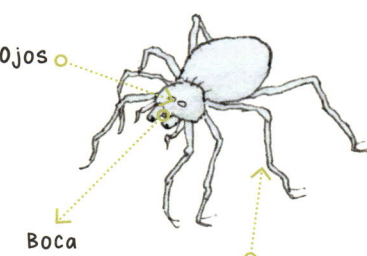

Ojos

Boca

Cuatro pares de patas

Escorpiones, ácaros, etc.

Araña

CRUSTÁCEOS

Casi todos son acuáticos, aunque **hay alguno terrestre.** Pueden ser **depredadores, filtradores o carroñeros.**

Su cuerpo está dividido en dos partes: cabeza-tórax y abdomen.

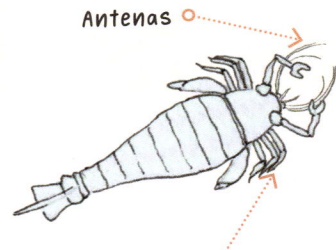

Antenas

cinco pares de patas, uno de ellas son pinzas.

Langostas, percebes, cochinillas, etc.

Cangrejo

MIRIÁPODOS

Poseen muchos pares de patas, ¡a veces alcanzan incluso las 650! Son **carnívoros o carroñeros.** En el Carbonífero algunos llegaron a medir 1 m.

Su cuerpo está dividido en dos partes: cabeza y tronco segmentado.

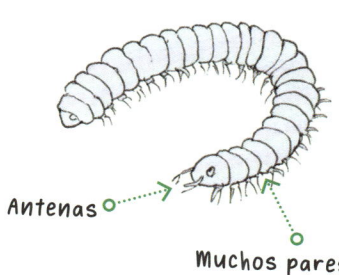

Antenas

Muchos pares de patas

Escolopendra

ciempiés, milpiés...

Tipos de patas

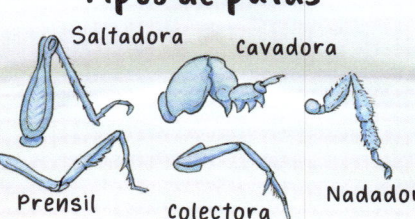

Saltadora

Cavadora

Prensil

Colectora

Nadadora

Clasificación de los artrópodos

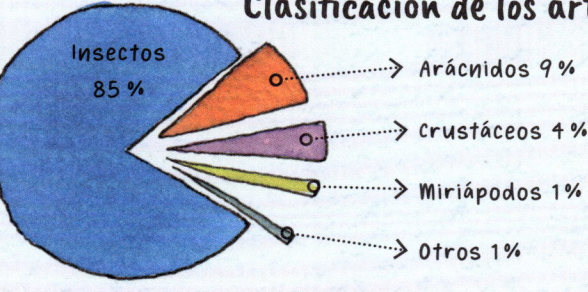

Insectos 85 %

→ Arácnidos 9 %

→ Crustáceos 4 %

→ Miriápodos 1%

→ Otros 1%

METAMORFOSIS

Proceso de **transformación** de algunos insectos en su **nacimiento y desarrollo.**

Mira cómo cambia la vida dentro de un mismo ser, **de gusano a mariposa.**

       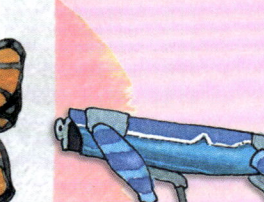

Oruga

Crisálida

Mariposa

MUNDO ROBOT

Los artrópodos han sido una **fuente de inspiración** para la creación de robots de todo tipo, desde los **exploradores espaciales** a los **drones,** tan populares hoy.

INVERTEBRADOS

Aparte de los **artrópodos**, hay **muchos otros animales** que también son invertebrados, animales **que carecen de esqueleto interno.** Su medio más habitual es el **acuático marino,** aunque algunos viven en agua dulce y otros en tierra.

Fueron los primeros animales que surgieron en nuestro planeta.

¡Qué antiguos!

Medusa peine

Esponja Namacalathus

Estos organismos aparecieron en la Tierra **hace cientos de millones de años.**

Los invertebrados proliferaron durante la «**explosión cámbrica**», hace unos 530 millones de años, cuando **se multiplicó y diversificó la vida** de los animales.

ESPONJA DE MAR
(Porífero)

Es un **organismo muy primitivo y simple** que apareció hace más de 600 millones de años.

Esponja primitiva

Su organismo es asimétrico.

Crece muy lentamente, solo unos pocos milímetros al año, y **forma colonias.**

Las esponjas **viven en todos los rincones del planeta,** aun en las condiciones más extremas.

Existen **miles de especies** de estos animales, aunque solo unos cientos viven en agua dulce.

ESTOS SON ALGUNOS DE LOS SUBGRUPOS QUE

ANÉLIDOS

Tienen el cuerpo segmentado en anillos y blando.

Gusanos marinos, lombrices de tierra, sanguijuelas...

OTROS GUSANOS

Los **NEMATODOS** tienen el cuerpo redondo y no fragmentado.

Anisakis

Los **PLATELMINTOS** parecen cintas, pues su cuerpo es plano. **Muchos son parásitos.**

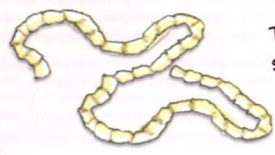

Tenia solitaria

PORÍFEROS

Filtran el agua para obtener su alimento a través de canales internos como **poros,** de ahí su nombre.

Su cuerpo tiene **forma irregular.**

Poros

Viven anclados en el suelo marino.

Esponjas

CNIDARIOS

Medusas...

Se desplazan flotando en el mar. Poseen un **cuerpo gelatinoso y transparente.**

Son carnívoras.

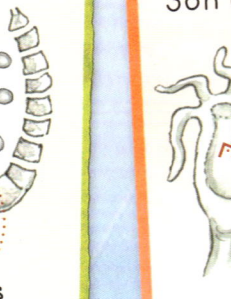

Filamentos urticantes

Pólipos...

Viven fijos a las rocas.

... corales, anémonas, hidras...

EQUINODERMOS

Estrella de mar

Son animales marinos con esqueleto interno.

Se conocen **desde la Antigüedad;** si pierden un miembro, se pueden **regenerar.**

Cinco brazos simétricos

Los erizos de mar tienen el cuerpo redondeado cubierto de espinas.

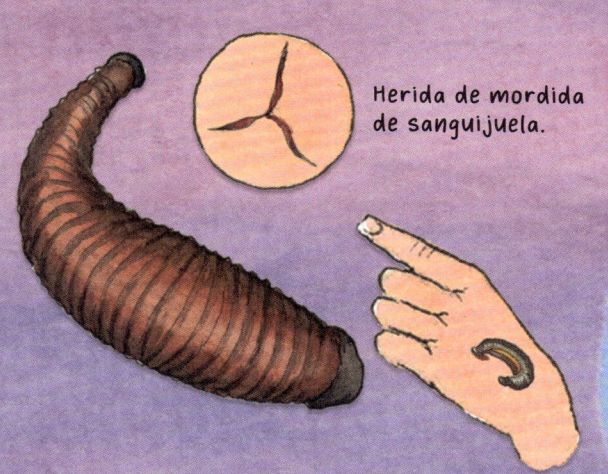

Herida de mordida de sanguijuela.

SANGUIJUELA
(Anélido)

Esta criatura vive en agua dulce y se alimenta de sangre.

Es hermafrodita, puede tener hasta 32 cerebros, dos corazones y una mandíbula con tres hileras de cien dientes cada una. ¡Increíble!

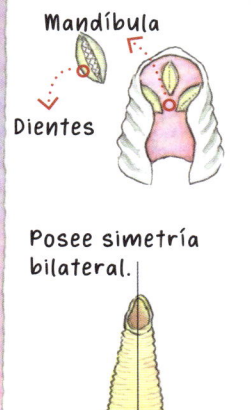

Mandíbula

Dientes

Posee simetría bilateral.

PULPO
(Cefalópodo)

Posee **tres corazones** y una enorme **cabeza** con **ocho tentáculos**.

Tiene simetría radial.

El más inteligente

El pulpo es un animal con una gran **capacidad de aprendizaje, buena memoria y enormes habilidades**, como por ejemplo, destapar botes y atravesar laberintos.

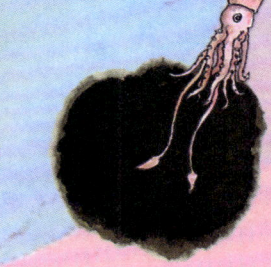

Tiene **500 millones de neuronas** repartidas por su cuerpo.

Tentáculos con ventosas

En su piel hay **células especiales** que le permiten cambiar de color y textura **para camuflarse** con su entorno.

Se defiende con su tinta: la expulsa para oscurecer el agua y así poder escapar.

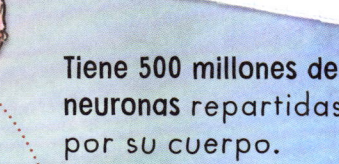

INTEGRAN EL GRAN CONJUNTO DE LOS INVERTEBRADOS:

MOLUSCOS

Son los invertebrados **más numerosos** después de los artrópodos.

Como habrás notado, en estos subgrupos faltan los «artrópodos» que, por ser **el más numeroso en número de especies**, lo hemos tratado en páginas anteriores.

Gasterópodos

Poseen una **concha dorsal** y un **pie musculoso**.

Tienen **tentáculos oculares**.

Caparazón

Tentáculos

Ojos

Habitan tanto en **tierra** como en **agua** dulce o salada.

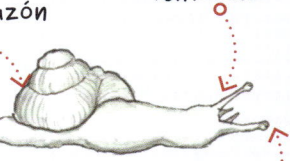

Caracoles, babosa de mar...

Bivalvos

Animales acuáticos de **cuerpo gelatinoso** protegido por **dos valvas**.

Branquias

Pie

No tienen una cabeza diferenciada.

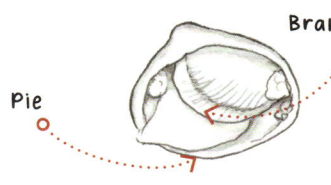

Mejillones, almejas...

Cefalópodos

Su cuerpo es blando y musculoso.

Las sepias tienen una **concha interna**, que se conoce como **pluma, gladio o jibión**.

Cabeza

Tentáculos

Constan de **cabeza y tentáculos**.

Pulpos, calamares y sepias

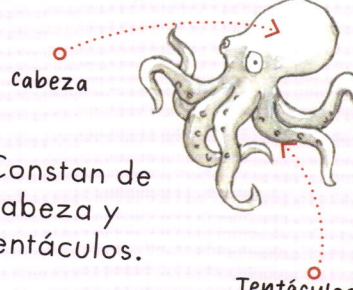

LOS PECES

Son animales **vertebrados de sangre fría** que pertenecen al **mundo acuático**, tanto de aguas dulces como saladas.

El hábitat marino es un gran misterio,

conocemos muy poco de nuestros mares.

Los antepasados

Astraspis
Eran peces acorazados sin mandíbula.

Celacanto
Apareció hace 65 millones de años y aún hoy habita en las costas africanas y en Indonesia.

¿Dónde viven?
Gracias a su gran capacidad para adaptarse y desplazarse, los encontramos en las aguas de todo el mundo.

PEZ RELOJ ANARANJADO

Escamas
Es una especie de armadura lisa que los protege y les ayuda a deslizarse.

Tiburón   Salmón

Ojos
No tienen párpados.

AGUA DULCE Y SALADA

AGUA DULCE
Ríos, lagos, lagunas y charcas.

Anguila

AGUA SALADA
Desde los mares polares hasta los arrecifes tropicales.

Salmón

Algunos peces viven en agua dulce y de adultos se desplazan a aguas saladas a reproducirse (anguila, sábalo).

Otros nacen en aguas dulces, **viven en el mar y vuelven al agua dulce para** reproducirse y desovar (salmón, trucha).

Perca

Trucha

Sábalo

Merluza

Salmonete

Atún

Branquias
Los peces **obtienen el oxígeno del agua** cuando pasa por sus branquias. Las branquias son su órgano respiratorio.

Mil formas, tamaños y colores
Existe una **gran variedad de peces**. Se calcula que podría haber más de 20 000 especies, ¡imagínate!

Pez luna

Pez payaso

Pez dragón

TIPOS DE PECES

Cartilaginosos
Tienen un esqueleto cartilaginoso y grandes hendiduras branquiales.

Óseos
Tienen un esqueleto óseo y branquias cubiertas.

Peces sin mandíbula
Tienen boca circular y carecen de escamas.

Raya

Tiburón

Pez torpedo

Mero

Lenguado

Sardina

Lamprea

Mixino

Pez aguja

Perca

Aletas
Sirven para girar y cambiar de dirección.

Tiburón ballena

Cola
La utilizan para propulsarse.

Reproducción
Se multiplican por **huevos**, y la **fecundación es externa**.

La hembra expulsa los **huevos** en el agua y el **macho los fertiliza** con su esperma.

Algunos de los más grandes
En agua salada, el **tiburón ballena** es enorme; puede medir unos 12 m. En agua dulce, el **siluro** llega a veces a los 3 m.

El más rápido
El **pez espada** puede alcanzar una velocidad de más de 100 km/h.

Pez espada

Bancos de peces
Algunos peces llevan una vida solitaria y otros prefieren los grupos y forman «**bancos**» o «**cardúmenes**», que pueden llegar a contener miles de ejemplares y que **se mueven como si fueran un solo ser**.

Su crecimiento es **continuado** desde que nacen hasta que mueren.

No son animales que vivan mucho, su **esperanza de vida** oscila entre **los 15 y los 20 años**.

Lamprea

Los vampiros del mar
La lamprea **se adhiere a otros peces** con su lengua y dientes adaptados a la succión.

Siluro

En lo más profundo
Los peces abisales llegan a vivir a 8000 metros bajo el mar (¡aunque eso ya es un récord!) y, como allí está muy oscuro, **algunos de ellos tienen luz propia**.

Diablo negro

Pez ángel

Pez hacha

Pez globo

VERTEBRADOS
LOS ANFIBIOS

Fueron los primeros vertebrados en conquistar la tierra.

El nombre «anfibio» procede del griego *amphi*, que significa 'ambos', y *bios*, que significa 'vida'. Ambas vidas o ambos medios: en la tierra y en el agua.

Antepasados

Estos animales descienden de peces como este, el celacanto. Tenían aletas y pulmones.

Ichtiostega

Fue el primer anfibio que salió del agua. Tenía una longitud de alrededor de 1,5 m y un peso de más de 80 kg.

Esqueleto de rana

- cabeza
- columna vertebral
- Patas

RANAS Y SAPOS
(Anuros)

Son **carnívoros**, básicamente **insectívoros**, pero algunos pueden comer gusanos, moluscos, otros anfibios, e incluso pequeños mamíferos.

Mira cómo **caza** con su **lengua**.

Las **cuatro patas musculosas** les permiten dar **grandes saltos**. No tienen cola.

La más grande...

La **rana goliat** puede llegar a medir 90 cm y pesar 3 kg.

Habita, entre otras zonas, en **Camerún**.

... y la más pequeña

La **filomedusa** mide tan solo 1,2 cm. ¡Te cabría en la uña de un dedo! Vive en **Madagascar**.

Rana

Cuando **las oyes croar** es porque el **macho** está llamando a la **hembra** en la época de celo.

Huevos

Se reproducen por huevos que la **hembra deposita en el agua** y el **macho los fecunda** de forma externa.

Las **ranas** los colocan en **paquete** y los **sapos** en **hilera** de hasta 1,5 m.

Ranas tóxicas

A veces, la piel de algunas especies contiene **sustancias tóxicas** para defenderse de los depredadores.

La **flecha dorada** posee un veneno que podría matar... ¡a 15 personas!

Rana azul

Flecha dorada

LA METAMORFOSIS

Ciclo de vida de los anfibios

Rana

Tardan dos meses en convertirse en una rana.

Embrión

Huevos

Larva o renacuajo

x

y

z

20

CARACTERÍSTICAS GENERALES

- Tienen la piel desnuda, sin pelos ni plumas ni escamas.
- Viven en ambientes húmedos: charcas, lagunas, riachuelos, praderas.
- Son ovíparos.
- Son carnívoros.
- Son animales de sangre fría.

Anfibios y medio ambiente

Es muy importante cuidar de los anfibios por los **beneficios directos** que aportan a la mayoría de los ecosistemas del planeta. **Su papel ecológico es fundamental.**

CLASIFICACIÓN DE LOS ANFIBIOS

Urodelos

Tritones y salamandras

Anuros

Ranas y sapos

Cecílidos

TRITONES Y SALAMANDRAS
(Urodelos)

A esta familia pertenecen las salamandras y los tritones. Entre otras cosas se diferencian porque **poseen una cola bien desarrollada.**

Cazan con una **larga lengua pegajosa** en la que se quedan adheridos los insectos.

Salamandra tigre

Salamandra

Tritón alpino

La salamandra **siberiana** puede vivir a -45°C.

Esqueleto de salamandra

cabeza

columna vertebral

cola

Patas

CECILIAS
(Cecílidos)

No tienen patas, parecen gusanos pero no lo son. Miden entre 10 cm y 1,60 cm. Son **casi ciegos**, se orientan por el sentido del gusto.

Viven en **zonas tropicales**, poseen secreciones tóxicas y los dientes tienen forma de aguja.

Crías naciendo

Esqueleto de cecilia

cabeza

Dos filas de dientes

columna vertebral

Glándula venenosa

VERTEBRADOS
LOS REPTILES

La palabra «reptil» procede del latín *reptilis*, que significa 'que repta o se arrastra'.

Son **vertebrados** de **sangre fría**, es decir, **no pueden regular su temperatura** y dependen del calor exterior.

Parece ser que los reptiles surgieron de una línea evolutiva de los **anfibios**.

Odontochelys

Aparecieron hace unos 320 millones de años, son animales muy antiguos, y muchos de ellos **continúan** actualmente casi con la misma forma.

Las serpientes tenían cuatro pequeñas patas.

Viven en todo el planeta, menos en la **Antártida**. El país con mayor número de reptiles es **Australia**.

Fueron los reyes del planeta

CARACTERÍSTICAS

- Tienen una **piel rugosa** formada por escamas.

TIPOS DE ESCAMAS

Cicloides · Cuadradas · Quilladas · Granulares

- En el caso de las serpientes, **su piel es como un traje que cambian con la muda.** Lo hacen con más frecuencia cuando son jóvenes.

- La posición de las **pupilas** es **vertical**. Muchos reptiles tienen un tercer párpado transparente.

Los **camaleones** pueden cambiar **de color** para esconderse de sus enemigos.

Experto en camuflaje

LAGARTOS
(Saurios)

Es el grupo con mayor diversidad de especies.
Tienen cuatro extremidades cortas, una cola larga y mandíbulas dentadas. Su cuerpo es alargado y su piel escamosa.
Pueden desprenderse de la cola para escapar en situación de peligro; luego **les vuelve a crecer.**

Basilisco
Camina sobre el agua.

Dragón de Komodo
Vive en **Indonesia**, puede medir 3 m de longitud y pesar más de 300 kg.
Envenena a sus víctimas con su saliva.

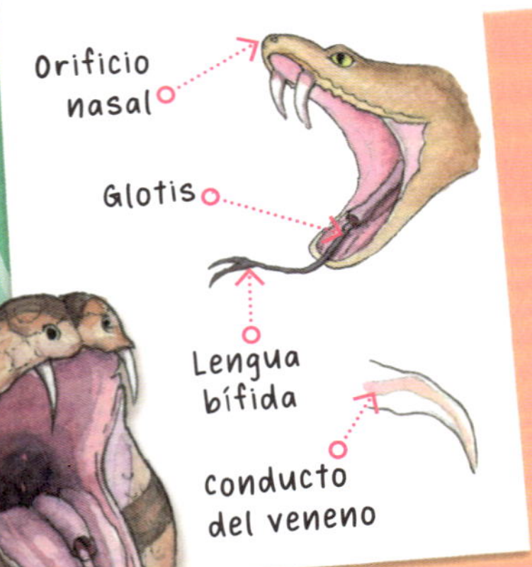

HAY CUATRO

Orificio nasal

Glotis

Lengua bífida

conducto del veneno

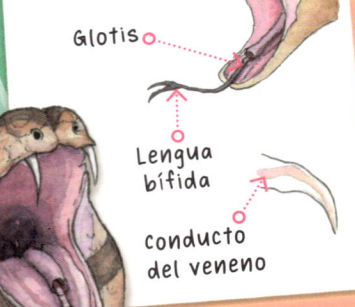

cobra

SERPIENTES
(Ofidios)

Tienen el **cuerpo cubierto de escamas.** Sus mandíbulas no están unidas por huesos, por eso **pueden abrir muchísimo la boca.** Muchas de ellas son muy venenosas.

Serpiente pitón

No posee veneno, mata a sus víctimas **por asfixia**, enroscándose en ellas y apretando con fuerza sus músculos. Se la llama **constrictora**. Puede llegar a medir más de 10 m y pesar 100 kg.

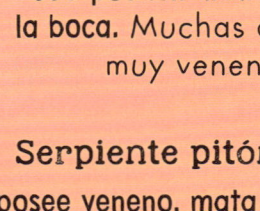
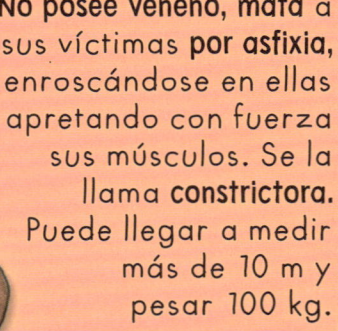

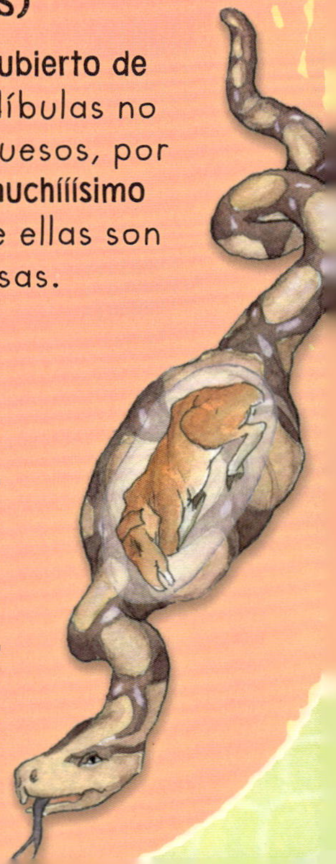

Fósil viviente

Hay otro grupo de reptiles menos conocido y menos abundante, que son los **tuátaras o esfenodontes**. Se parecen a los lagartos y se dice de ellos que son **fósiles vivientes** porque apenas han cambiado desde hace millones de años. Viven **solo en Nueva Zelanda**.

durante millones de años.

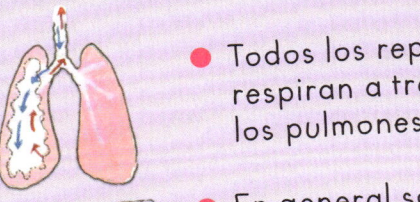

- Todos los reptiles respiran a través de los pulmones.

- En general son **carnívoros**, y tienen una **digestión muy lenta**, por lo que pueden pasar sin comer mucho tiempo.

- La mayoría son **ovíparos**, con fertilización interna.

El **sexo de las crías** está relacionado con la **temperatura de la incubación**: 26,5 °C para los machos y 31 °C para las hembras.

TIPOS DE REPTILES

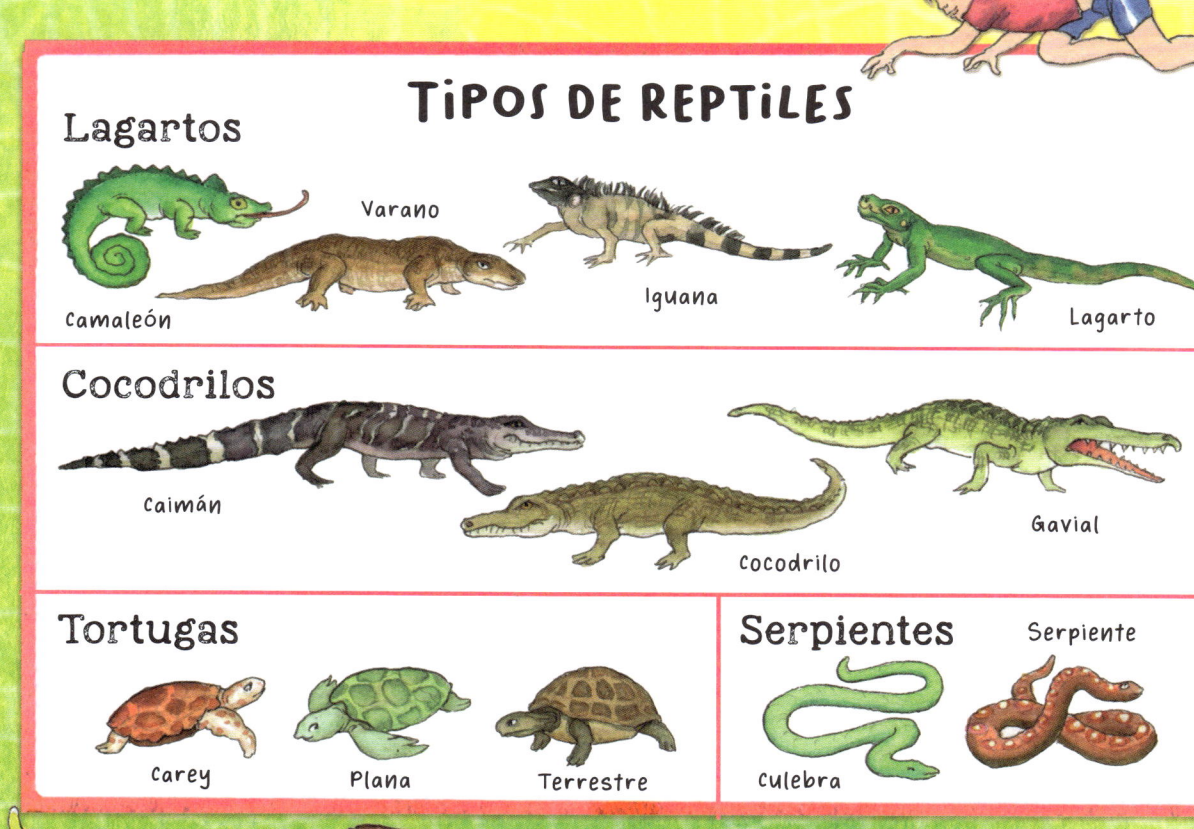

Lagartos

Camaleón · Varano · Iguana · Lagarto

Cocodrilos

Caimán · cocodrilo · Gavial

Tortugas

Carey · Plana · Terrestre

Serpientes

Serpiente · Culebra

Esqueleto de tortuga

Cabeza · Vértebras · Patas · Caparazón · Cola

GRANDES GRUPOS

COCODRILOS

Son grandes **depredadores**, tienen una **piel dura y seca**, como los lagartos. Viven tanto en el medio terrestre como en el medio acuático.

Gavial · Aligátor · cocodrilo

Sus **mandíbulas** son poderosísimas, **capaces de aplastar huesos**.

El cocodrilo puede pasar sin comer más de un año. ¿Qué te parece?

TORTUGAS
(Quelonios)

Se cubren con un **caparazón** que protege sus órganos internos.

La mayor parte son **herbívoras**, aunque las hay también **omnívoras y carnívoras**. Viven en la **tierra** o en el **mar**.

En la boca **no tienen dientes**, sino un **pico para cortar** el alimento.

Tortuga gigante

Habita en las **islas Galápagos**. Es actualmente **la mayor de las especies terrestres**. Mide casi 2 m y pesa 300 kg o más.

Es **herbívora** y puede subsistir sin agua ni alimento durante meses.

Alguna llega a **vivir más de 150 años**.

Tortuga laúd

Es la tortuga marina más grande del mundo y **le encanta comer medusas**. Tiene el paladar lleno de espinas que le ayudan a retener a las medusas... ¡son muy escurridizas!

VERTEBRADOS
LAS AVES
Dispersan las semillas y polinizan las plantas.

Las aves son animales **vertebrados** que tienen **alas, patas, pico** y el cuerpo cubierto de **plumas**. La mayoría vuelan.

Dónde viven

Las aves ocupan **todos los ecosistemas**: las zonas heladas, los desiertos cálidos, las selvas, los bosques y las sabanas.

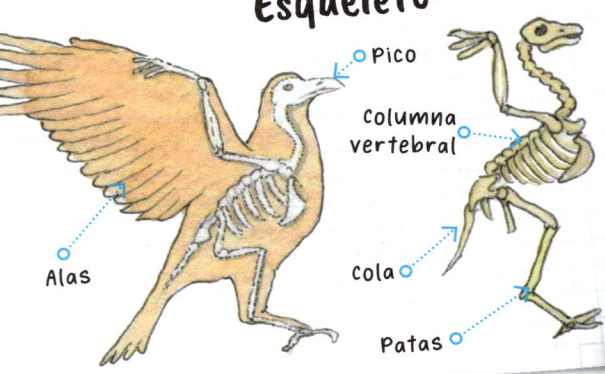

Esqueleto

- Pico
- columna vertebral
- Alas
- cola
- Patas

Guacamayo

Vive en la **América tropical**. Destaca por el **colorido** de sus **plumas**. ¡Mira qué bonito es!

El pico

Es **curvo** para **romper** y **extraer** la pulpa y semillas de los frutos.

Arqueoptérix

Parece que las aves vienen de este **pequeño dinosaurio carnívoro emplumado** que vivió hace 150 millones de años.

Vencejo

Algunas aves **se pasan casi toda su vida volando**, como el vencejo. **Comen, duermen y copulan en el aire**; únicamente se posan para poner los huevos y criar a los polluelos.

NO TODAS VUELAN

Algunas han perdido las alas y se han transformado o han desarrollado otras partes del cuerpo para adaptarse mejor a su ecosistema.

La más grande...
... y la más pequeña.

Avestruz

Puede llegar a medir **2,6 m** de altura y pesar **180 kg**. **Corre muy rápido** aunque **no puede volar**.

Colibrí

Tan **solo** mide unos centímetros y pesa alrededor de **2 g**. Su pico es muy alargado para beber el néctar de las flores.

Pingüino

Vive en la **Antártida**. Ha transformado sus alas en aletas para nadar.

CARACTERÍSTICAS

- Cuerpo cubierto de plumas
- Cuatro extremidades, dos patas y dos alas
- Pico córneo
- Huesos huecos
- Son ovíparos.
- Mantienen su temperatura corporal.

El nido

Los guacamayos hacen su nido **en los árboles.** Ponen de dos a cuatro huevos.

Bebé guacamayo

Cola larguísima

Gorrión

¡Los guacamayos son muy **fieles!** Una vez que eligen a su pareja, **viven con ella toda su vida.**

Ave del paraíso

De **plumaje extraordinario,** habita en **Papúa Nueva Guinea.**

Pavo real

Despliega su **cola** majestuosamente **para** cortejar a la hembra.

Loro

Son las aves **más inteligentes.** Tienen un órgano llamado **siringe,** que les permite **imitar sonidos y comunicarse** con los humanos.

CLASIFICACIÓN

ALAS
SEGÚN EL TIPO DE VUELO:

Velocidad	Elípticas	Elevadoras	Planeo dinámico
Golondrina	cuervo	Águila	Gaviota

Pico
ALGUNOS TIPOS SEGÚN LA ALIMENTACIÓN:

Limícola	Filtrador	Desgarrador	Insectívoro	Granívoro
Cigüeña	Pelícano	Águila	Carbonero	Gallina

PATAS
(La mayoría tiene cuatro dedos).

Zancudas	Corredoras	Prensoras	Acuáticas	Arborícolas	Trepadoras
Flamenco	Avestruz	Buitre	Cisne	Cotorra	Guacamayo

Oropéndola

GRANDES CANTORES

No es necesario verlos para saber que están ahí, **los delata su canto.**

Cada especie tiene el suyo, que **utilizan para comunicarse entre sí;** algunos son realmente espectaculares, como el del ruiseñor.

Ruiseñor

Abubilla

Cuco

Canario

Jilguero

25

VERTEBRADOS
LOS MAMÍFEROS

Son **vertebrados de sangre caliente** y se caracterizan fundamentalmente porque las crías se alimentan de la leche que les proporciona su madre.

Dentro de este grupo nos encontramos nosotros, **los humanos.**

Tienen **mamas**, pero también **labios** que les permiten **succionar la leche materna.**

¡Asombroso! Los cerdos tienen ¡hasta **nueve pares de mamas!**

CARACTERÍSTICAS

Son vivíparos.

El embrión, alimentado por la placenta, se desarrolla dentro del útero de la madre (excepto en los ornitorrincos).

La placenta

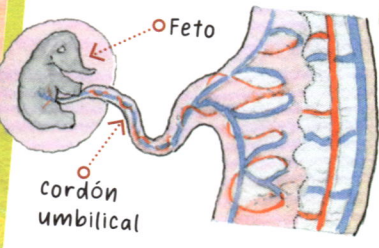

→ Feto

cordón umbilical

Respiración pulmonar

Gran capacidad de aprendizaje...

... debido a su volumen encefálico.

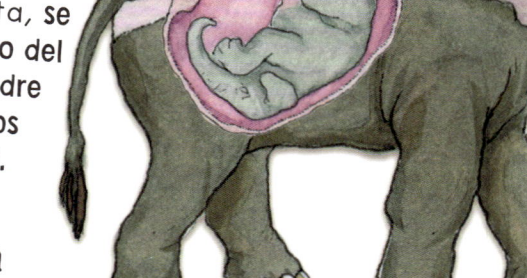

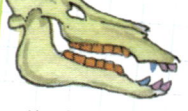

Los dientes

Dependiendo de la alimentación, sus distintas dentaduras han ido evolucionando a lo largo del tiempo.

Herbívoros   carnívoros   Omnívoros

HÁBITATS

Nadan, vuelan, reptan...

Se han sabido adaptar a casi todas las condiciones; por ello, los podemos encontrar en desiertos, selvas, llanuras, zonas heladas, etc.

LOS MÁS ANTIGUOS

¿A que no nos parecemos en nada?

Cinodontes
Los ancestros de los mamíferos

Aparecieron hace unos 260 millones de años, **conviviendo con los dinosaurios**, y se salvaron de la extinción debido a su pequeño tamaño.

Purgatorius

Se piensa que este pequeño animalito, ya extinguido, fue el **predecesor** de los primeros **primates** y estos, a su vez, de los **homínidos.**

Paraceraterio

Es uno de los **mamíferos terrestres más grandes** de todos los tiempos.

Parece una **mezcla de tapir y jirafa**; al igual que estas, comía hojas de las ramas. Vivió hace 30 millones de años y **medía 8 m de altura.**

8m

2m

SEGÚN EL PROCESO DE GESTACIÓN:

Placentarios

La mayoría de las hembras de los mamíferos tienen placenta, la bolsa en la que se desarrolla el feto. Gestan a las crías **durante varios meses**.

Oso

Puma

Tienen el cuerpo cubierto de pelo.

Marsupiales

Las **crías se terminan de formar** dentro de una bolsa llamada marsupio. Te sonarán el canguro o el koala, pero hay muchos más como la **zarigüeya**. Pueden ser herbívoros y omnívoros.

Zarigüeya

Canguro

Monotremas

El ornitorrinco es un animal ¡rarísimo! Vive en Nueva Zelanda y Oceanía.

Son los únicos que **nacen de un huevo**. Las crías se alimentan de leche materna, aunque no tienen mamas.

Ornitorrinco

Voladores

Incluyen sobre todo el grupo de los murciélagos. El murciélago **es una especie de ratón** que se adaptó al medio aéreo. Son ciegos aunque hábiles en su vuelo gracias a una especie de **radar** que **capta las ondas auditivas**.

Murciélago

Acuáticos

Son los que se han adaptado a vivir en el agua. Tienen aletas y piel grasa. Entre otros, se encuentran los cetáceos (delfines, ballenas...), pinnípedos (focas, morsas...) y sirenios (manatís).

Delfín

Foca

Manatí

Terrestres

Incluyen muchos tipos, desde roedores hasta elefantes. La mayoría **viven en tierra firme**, tanto en grandes alturas (leopardo de las nieves) como debajo de la tierra (topo).

Es el grupo más diverso, a pesar de su reducido número de especies.

Hay aproximadamente 5500 especies de mamíferos. Las zonas en las que existe mayor diversidad de mamíferos son **Indonesia, Brasil, México, China** y **Australia**.

Perezoso

El metabolismo lento le permite conservar la energía.

Pangolín

Es solitario, de hábitos nocturnos y cuerpo con escamas.

Orangután

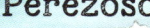

Oso hormiguero

¡Mira qué trompa!

Jirafa

Tarsio

Es un primate, mide 10 cm y vive en Indonesia.

Zarigüeya, marsupial de América

Cebra

Equidna

Su pelo se transformó en púas.

SUPERVIAJEROS

Los animales también **viajan**, ¿lo sabías? Y lo hacen por varios motivos: **para huir del excesivo frío o calor**, para encontrar alimento o para buscar un buen lugar en el que **reproducirse**.

Los que migran tienen una especie de **reloj biológico** en su organismo, así como una **brújula** que les indica cuándo tienen que partir y cuál ha de ser **la ruta**.

Los animales que migran recorren

AIRE

Mariposa monarca

Este precioso **insecto**, de apenas **un gramo de peso**, realiza un **viaje de gigantes** volando desde los bosques de Canadá y Estados Unidos, donde se reproduce, hasta los de México, donde **hiberna**. Se necesitan cuatro generaciones para cerrar el ciclo migratorio.

TIERRA

Reno o caribú

Los renos son la única especie de cérvidos en la que las hembras tienen cornamenta. Habitan en los bosques de América del Norte, Europa, Asia y Groenlandia. **Se desplazan en manadas dos veces al año por los mismos caminos.**

Curiosamente, las migraciones las hacen de **forma separada** los machos de las hembras.

MAR

Tortuga laúd

Es la **más grande** de las tortugas marinas. Los machos, una vez que entran en el agua, nunca más la abandonan. **Las hembras vuelven** cada 3 o 4 años **a la playa donde nacieron** para poner **sus huevos.** Pueden viajar miles de kilómetros.

Ballena jorobada

Es una de las ballenas más grandes. También se la conoce como **yubarta**. Se reúnen en aguas tropicales de todo el planeta para aparearse y procrear. **Pueden llegar a viajar hasta 25 000 km de distancia.**

Reno

Mariposa

Ballena

Tiburón

Tortuga

Ñu

Ballena

Charrán ártico

Es uno de los mayores viajeros de la naturaleza. Anida en el **Polo Norte** y luego se traslada a vivir al **Polo Sur**. Es capaz de dormir en pleno vuelo.

Libélula

Este insecto **hace un larguísimo viaje desde la India a Uganda**. Para completarlo, **es necesario que participen cuatro generaciones**: padres, hijos, nietos y bisnietos.

miles de kilómetros.

Reno

Charrán ártico

Colipinta

Ñu

Vive entre **Kenia** y **Tanzania**. Durante la migración participan entre 1 y 1,5 millones de ñus y nacen cerca de 500 000 crías, aunque también **mueren miles de ellas** a causa de los depredadores y la dureza del camino.

Ser humano

El homo sapiens salió de África hace cientos de miles de años, y fue ocupando todos los lugares donde era posible la vida. En la actualidad, el ser humano sigue moviéndose y migrando. Se calcula que en el año 2020 había en el mundo 281 millones de migrantes.

Tiburón

Tiburón blanco

Vive en **alta mar** y regresa a un mismo sitio para buscar pareja. Persigue, por los océanos, **aguas frescas en verano y cálidas en invierno**. Algunos viajan desde Sudáfrica hasta Australia. Antes de emprender este viaje, **acumulan reservas de grasa en su hígado**.

Distancias (aproximadas en km)

Golondrina	19 000
Charrán ártico	50 000
Colipinta	12 500
Mariposa monarca	4000
Ballena jorobada	17 000
Libélula	15 000
Tiburón blanco	11000
Reno	4000
Ñu	1500
Tortuga laúd	19 000

Medidas

Ten en cuenta que **el diámetro de la Tierra es de 12 742 km** y que para **dar la vuelta completa** al planeta tienes que **recorrer cerca de 40 000 km**.

¿Sabías que el primero que midió la circunferencia de la Tierra fue **Eratóstenes**, un matemático y geógrafo griego del siglo III a. C.? ¡Y lo hizo bastante bien!

¡Mira qué curioso!

Una golondrina daría la vuelta al mundo casi dos veces en un solo año. **Las colipintas vuelan** desde Alaska hasta Nueva Zelanda «sin parar», incluso **duermen volando**; tardan unos once días.

¡A COMER!

Más de un millón y medio de ñus migran cada año a principios del mes de junio hacia lugares donde crece la hierba fresca, que es su principal fuente de alimentación. Pertenecen al grupo de los animales **herbívoros**.

El ñu, en su larga viaje, proporciona alimenta

¿Os acordáis de los ñus que viven en **África**? Pues bien, algunos animales los ven como un pequeño restaurante andante ya que, gracias a ellos, se pueden alimentar. ¡No te lo pierdas!

Insectos
Hematófagos, comen sangre.

Durante el viaje le acompañan insectos que tienen el alimento asegurado: moscas, mosquitos, garrapatas y otros parásitos.

Ñus
Herbívoros, comen hierba.

Picabueyes
Insectívoros, comen insectos.

También viaja con él este listo pajarito que se dedica a comer pequeños parásitos, dejando así **limpios** a los ñus.

Migración de ñus

Kenia

Tanzania

Cuando los ñus terminan de hacer la digestión, todo lo que les sobra de la comida **lo expulsan a través de las heces**, lo que todos conocemos como **caca**.

Escarabajo pelotero
Coprófagos, comen excrementos.

Ahí están los **escarabajos peloteros** para recoger los desechos y hacer con ellos una bola **para alimentarse y meter sus huevos** dentro.

Cocodrilos
Carnívoros, comen carne.

En el viaje, **los ñus tienen que cruzar un gran río, el Mara,** que está lleno de cocodrilos preparados con el cuchillo y el tenedor entre sus garras. Para algunos ese banquete es la única comida del año.

¡Pero no penséis que solo se los comen los cocodrilos!

Entre febrero y marzo, las hembras de ñu se ponen de parto. Las **crías** nacidas **son una gran tentación para los depredadores.**

Hay muchos otros **animales al acecho** de los ñus.

a muchísimos animales.

Leonas, guepardos...
Carnívoros, cazadores.

Estos **depredadores de la sabana cazarán a** varios miembros de la manada de los ñus, **sobre todo a las crías,** las más indefensas.

CADENA TRÓFICA

Buitres, marabús
Carroñeros, comen animales muertos.

Ahí están también estas **aves carroñeras** que se **alimentan de los restos** que dejan los cocodrilos y otros depredadores.

Hongos y bacterias
Descomponedores, comen detritos.

Después de tal festín, **los restos orgánicos** que quedan, así como los huesos, **se van desintegrando** y pasan a formar parte de la cadena alimentaria, o cadena trófica, que el río proporciona.

Peces
Omnívoros, comen de todo.

Pero esto no queda ahí. Los que más se aprovechan de la gran cantidad de ñus muertos son **los peces.** Casi todos se alimentan tanto de carne como de algas.

Como habrás podido comprobar, **un solo ñu puede alimentar a muchos otros animales.**

LA DOMESTICACIÓN

Comenzó hace unos 10 000 años, durante **la revolución del Neolítico**, cuando **algunos humanos abandonaron** la vida nómada y empezaron a establecerse en determinados territorios. Fue el inicio de la agricultura y la ganadería, y produjo **un cambio** en el **desarrollo de la vida animal**.

> ¿Sabías que el primer animal domesticado fue el perro hace unos 10 000 años?

PUEBLOS NÓMADAS Y PUEBLOS SEDENTARIOS

Se denomina así a los pueblos con **diferentes modelos de vida**. Los nómadas se trasladan de un lugar a otro y los sedentarios eligen un solo lugar para vivir.

VIDA SEDENTARIA
Agricultura y ganadería

La ganadería supuso que **animales** hasta entonces **salvajes** pasaran a ser **controlados** (vida y reproducción) por el ser humano: **fueron domesticados**.

VIDA NÓMADA
Caza, pesca y recolección

Los mamuts, renos y bisontes fueron la alimentación de los primeros **humanos**, quienes **se trasladaban detrás de las manadas** para darles caza.

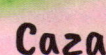

Caza

Además de alimento, los animales cazados **proporcionaban** a los humanos **la piel para la ropa** y los **huesos para hacer herramientas**.

Pesca

Los peces capturados eran una **fuente de vitaminas y proteínas**. También lo fueron los **cangrejos** y algunos **moluscos**.

Las cabras y las ovejas fueron las primeras especies en ser domesticadas hace miles de años.

Cría

Cuidaban de animales para alimentarse de ellos.

El **cerdo** fue de las **últimas** especies en ser domesticadas. Antes lo fueron las gallinas, las abejas y los caballos.

MASCOTAS

Son nuestros **animales de compañía**. Viven con nosotros, y les damos y nos dan cariño.

Perros adiestrados

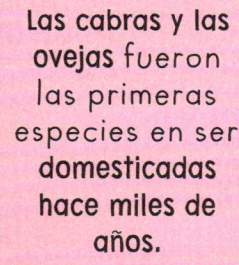

Además de compañía, hay **perros** que ayudan a las personas ciegas o con alguna discapacidad visual, como los perros guía.

ANIMALES DE LA GRANJA

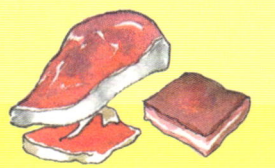

Son animales **domésticos** que nacen y se crían en granjas. Están acostumbrados al trato con el ser humano. De ellos **obtenemos productos para alimentarnos y vestirnos.**

ALIMENTACIÓN

Carne

Es una **parte importante** de la alimentación humana.

Comemos carne de vaca, cerdo, conejo y ave, entre otras.

¡Del **cerdo** se aprovecha **todo!**

Leche y derivados

Se obtienen de la **vaca**, de la **oveja** y de la **cabra.**

Huevos

¿Sabías que **una gallina pone un huevo diario?** Ocas y patos también nos dan huevos.

ROPA

La **lana de ovejas y cabras** sirve para tejer ropa de abrigo.

Con la **piel de cabras, vacas** y otros animales se **fabrica calzado y complementos.**

Abrigo hecho con plumas de pato, oca y ganso.

EN EL TRABAJO

Cuando no había tractores, eran las **mulas, los caballos** y los **bueyes** los que nos ayudaban en la agricultura y en otros duros trabajos.

TRANSPORTE

Camellos, llamas, caballos, renos y **burros** se utilizan para transportar personas o carga...

... sobre todo en zonas rurales.

INDUSTRIA ALIMENTARIA

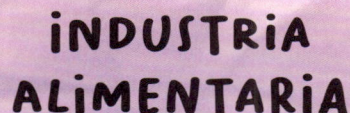

A pequeña y a gran escala

Ahora hay granjas de muchos tipos de animales: peces, ranas, caracoles... ¡Y hasta de insectos!

¡También tienen derechos!

Es mucho lo que les debemos a los animales, por ello tenemos que cuidarlos y respetarlos. Así, en los últimos tiempos, se han dictado leyes que intentan protegerlos.

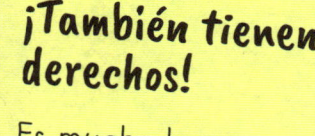

ANIMALES EN CIFRAS

¿Te has parado a pensar alguna vez **cuántos animales** viven en nuestro planeta?
¡Vete preparando!

UNA BUENA NOTICIA

En el año 2023, científicos del Museo de Historia Natural de Londres y la Academia de Ciencias de California descubrieron **cerca de 1000 especies nuevas**: insectos, peces, ranas, pingüinos... ¡Qué alegría!

¡Nuevas especies!

¡Mucha atención!

¡Menudo atasco!

Hormiga

Un hormiguero puede llegar a albergar desde unas pocas decenas hasta miles de millones de individuos, dependiendo de la especie.

¿Miles de millones de hormigas?

¡Un «ejército» de más de 1 km de extensión!

¡Unos 24 000 millones de gallos y gallinas!

¡Unos 3500 millones de vacas, cerdos y ovejas!

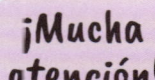

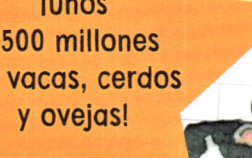

Los **animales salvajes** son difíciles de contabilizar, pero en el caso de los domésticos destinados a la alimentación se cree que podría haber aproximadamente unos **1500 millones de vacas, 1000 millones de cerdos** y **1000 millones de ovejas.**

Pero esto no es nada, los gallos y las gallinas se llevan la palma con cerca de 24 000 millones.

Arenque

Un **cardumen** (o banco) de arenques puede contener **millones** de estos pequeños pececillos.

¡Un viaje de más de 13 000 km sin parar!

El viaje más largo

Colipinta

En 2022, un ejemplar de aguja colipinta viajó 13 560 km durante **once días** sin detenerse, desde Alaska a Tasmania, cruzando el océano Pacífico.

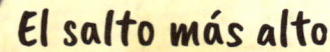

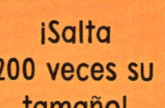

El salto más alto

Pulga

Aunque apenas mide 3 mm, la pulga puede saltar una distancia de 100 o 200 veces la longitud de su cuerpo. Sus **patas traseras** actúan como un **resorte**.

¡Salta 200 veces su tamaño!

LOS HAY CON MUCHA PRISA

Pez luna

Este enorme pez, de piel gruesa y sin escamas, puede poner de una vez nada menos que 300 millones de huevecillos.

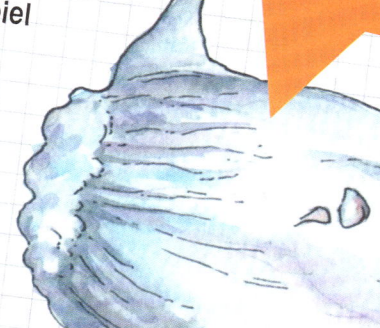

¡300 millones de huevos!

Halcón peregrino

En el aire, el más rápido con diferencia es este halcón, que llega a volar a casi 390 km/h cuando cae en picado. ¡Más que un coche de Fórmula 1!

El guepardo

Está considerado el más veloz de los animales terrestres. Alcanza una velocidad de 120 km/h.

El tiburón mako

En el mar, este tiburón es el más rápido: puede nadar a más de 120 km/h.

¡Vivió 507 años!

VIDA ETERNA

Almeja Ming

Hay animales que son capaces de vivir durante muchos años, como la almeja «Ming», que nació en torno a 1499 y vivió hasta 2006, cuando los científicos le causaron la muerte al hacerle pruebas para comprobar su edad.

¡Come unas 4 toneladas de krill al día!

LOS GLOTONES Y LOS AYUNADORES

Ballena azul

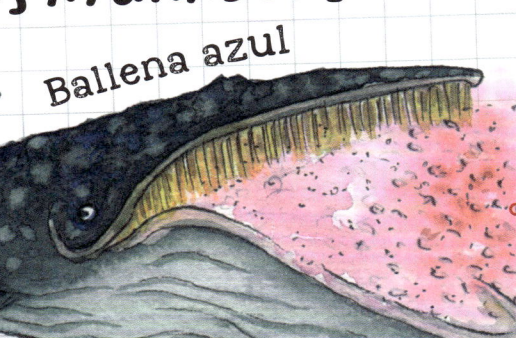

Krill

Efímera

En cambio, hay otros que casi no se enteran. Este insecto, más antiguo que la mosca, vive tan solo 24 horas en su fase adulta.

¡24 horas de vida!

La ballena azul es el «animalito» más comilón, aunque, dado su tamaño, es normal. Puede engullir hasta casi 4 toneladas de alimento al día, sobre todo el pequeño krill, que es su favorito.

¡Miles de dientes!

¡Treinta años sin comer ni beber!

El más resistente

Oso de agua

El pequeño tardígrado, también llamado **oso de agua**, es capaz de **sobrevivir sin alimento ni agua durante treinta años**. Resiste la congelación, el agua hirviendo, la radiación y el vacío del espacio exterior.

Dentadura de película

Pez gato

Este **pez de agua dulce** tiene bigotes y nada menos que **9280 dientes**. ¿Te lo imaginas en el dentista?

CURIOSIDADES

El **reino animal** es amplísimo, se podría escribir una gran enciclopedia con historias y datos sobre él.

Aquí te ofrecemos **una pequeña pincelada** de algunas curiosidades que podrían llamarte la atención.

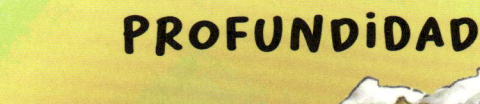

CANTOS Y SONIDOS

Todos los animales, de una forma u otra, establecen un **código para poder comunicarse** con los de su misma especie.

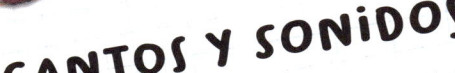

Ave lira soberbia

Esta ave es capaz de **imitar el canto de 20 especies** distintas de pájaros y además reproducir muchísimos sonidos de su entorno.

Delfín

Cada individuo produce su propio **silbido único y característico**. Los delfines son capaces de comunicarse con los demás animales y con los humanos.

Medusa inmortal

Si un ejemplar de esta especie sufre una **herida grave, es capaz de «reconstruir» sus células** y hacerlas **retroceder a su fase más temprana** de apenas tres días.

PREFIEREN LAS PROFUNDIDADES

«Gusano del diablo»

Este gusano fue encontrado **a 1,4 km bajo tierra**, en una mina de oro en Sudáfrica. Un lugar con altas temperaturas y casi sin luz.

Pez pelícano

A este pez también **le gustan las profundidades**: puede llegar a vivir incluso a 8 km bajo el mar.

MINISIESTAS

Las **pequeñas HORMIGAS** parece que no necesitan dormir, su patrón de sueño es **descansar 8 minutos cada 12 horas**, en minisiestas de 1 minuto.

Siesta de hormiga

Siesta de jirafa

Las JIRAFAS solo necesitan dormir entre **30 minutos y 2 horas al día**, pero... ¡no te lo pierdas!, no de forma continua, sino ¡a ratitos!

¡Aún se desconoce el 85% de las especies animales!

EN LA REPRODUCCIÓN

Caballito de mar

Es el único animal cuyo macho es el **portador de los huevos fecundados** hasta su eclosión.

Abeja reina

Durante su vuelo de apareamiento **puede tener hasta 40 parejas.**

HERMAFRODITAS

Caracol

«Hermafrodita» quiere decir que es, al mismo tiempo, macho y hembra. Tiene la capacidad de **crear y fertilizar sus propios huevos.**

RELACIONES DE PAREJA

Cisne

Es uno de los pocos animales que **mantienen una pareja durante toda su vida.** La mayoría de los **animales monógamos** son aves.

Bonobo

Estos monos **no tienen problemas con el sexo.** Lo utilizan tanto **para la reproducción** como **para las relaciones sociales;** su finalidad es la de estrechar lazos y evitar el conflicto.

CAMBIO DE SEXO

Pez payaso

El macho puede cambiar de sexo cuando la hembra del núcleo familiar muere. **Transforma sus testículos en ovarios** y cuida de los pececillos.

EL LARGO SUEÑO DE LA HIBERNACIÓN

Hay animales que se pasan **media vida durmiendo.** Cuando las condiciones para conseguir alimento son más duras, por ejemplo, hace mucho frío, estos animales deciden hibernar.

La **RANA DE MADERA** puede quedarse **congelada durante meses** en invierno para luego revivir en primavera.

Aunque no es el único animal que hiberna…

... Otros que también pasan el invierno en estado de sopor son **LOS OSOS,** algunos **murciélagos** y las **marmotas.** La temperatura corporal y la respiración de estos animales **descienden a niveles muy bajos.**

MÁS ALLÁ DE LA TIERRA

La perrita **Laika,** el mono **Han** y la gatita **Félicette** fueron pioneros en los viajes al espacio; luego les han seguido muchos más.

GIGANTES DE LA HISTORIA

Ha habido épocas en las que, por distintas circunstancias, los animales han crecido de forma extraordinaria. Los primeros gigantes aparecieron en los océanos.

Pangea y un inmenso océano

Al principio, las tierras emergidas estaban unidas en un solo continente, Pangea; luego se fueron separando.

Hasta los más pequeños eran gigantes.

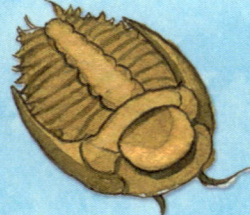

Trilobites

Estos seres prehistóricos dominaron el mar durante 290 millones de años. Se han llegado a encontrar algunos ejemplares de hasta 90 cm.

Amonites

Estos **cefalópodos** crecieron hasta alcanzar cerca de **2 m de diámetro** y pesar una tonelada y media.

En la actualidad aún se conserva el nautilus, de la familia de los amonites. ¡Un fósil viviente!, aunque solo mide unos 20 cm.

¡Mira qué tamaños!

Una atmósfera rica en oxígeno

Esto pudo favorecer el crecimiento de los insectos.

Arthropleura

Era un **gigantesco ciempiés** cubierto con una enorme armadura que llegó a alcanzar los **3 metros de largo** y los **50 kg de peso**.

LOS REYES CARNÍVOROS

La cantidad de **alimento** disponible en la Tierra fue la **causa** de un crecimiento desmesurado de los animales prehistóricos. Por esa razón, aparecieron estos **enormes dinosaurios**.

Mazothairos

Esta **especie de libélula** extinta llegó a alcanzar una envergadura de **56 cm** y se alimentaba succionando la savia de los árboles.

Tiranosaurio

Con **12 m de longitud** y entre **6 y 9 toneladas de peso**, es uno de los dinosaurios **más conocidos y aterradores**. Vivía en la zona de **América del Norte**.

Espinosaurio

Tenía una especie de **gran joroba** con la que regulaba su temperatura. Medía unos **15 m**.

EN EL MAR

Gracias a la **abundancia de comida en el mar**, se desarrollaron grandísimos **animales** bajo el agua.

Elasmosaurio

En la Antártida se descubrió un fósil de **un elasmosaurio gigante**: 12 m de largo y 15 toneladas de peso.

Sastasaurio

El reptil marino más grande que se ha encontrado: ¡medía 21 m! Al parecer, este animal **succionaba a sus presas**, ¡como una aspiradora!

Mosasaurio

Tenía el cuerpo como un barril y una especie de dedos en las aletas delanteras. Medía 18 m y era el gran **depredador de los amonites**.

EXTINTOS PERO MÁS RECIENTES

Mamut

Es el bisabuelo de los elefantes. Tenía el **cuerpo cubierto de pelo** y sus **colmillos podían llegar a medir 5 m**.

Titanoboa

Vivía en la selva, y podía **comerse un cocodrilo de un bocado**. Medía unos 15 m y pesaba 1200 kg.

Megaterio

También llamado **perezoso terrestre**, es uno de los **mamíferos más grandes** que han existido (aunque el paraceraterio le sobrepasaba). Medía más de 6 m y pesaba 3000 kg.

Ballena azul

Es el animal **más grande de la Tierra**, mide unos 30 m de longitud y pesa unas 180 toneladas.

HERBÍVOROS DESCOMUNALES

A medida que los depredadores se hacían más grandes, una de las defensas de **los herbívoros** fue su extraordinario crecimiento, dando lugar a **los animales más grandes que han existido nunca**.

LA MÁS GRANDE DE HOY

Seismosaurio

Este dinosaurio **medía cerca de 33 m de longitud**, ¡era más grande que la ballena azul! Se encontró un fósil de él en México.

Argentinosaurio

Medía más de 30 m y pesaba cerca de 70 toneladas, ¡como 17 elefantes juntos! Habitó en la Patagonia argentina. Se pasaba el día comiendo.

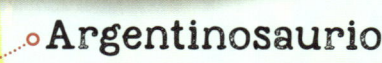

¡Compara a los dinosaurios!

Mosasaurio · Sastasaurio · Argentinosaurio · Elasmosaurio · Tiranosaurio · Seismosaurio · Espinosaurio

EL ORIGEN DE LA VIDA

HISTORIA DE NUESTRO PLANETA

La Tierra se formó hace unos **4600 millones de años**. En ese momento, la superficie del planeta debía de estar muy caliente.

Poco a poco, **se fue enfriando** y se formó **la corteza exterior**, aunque en su interior seguía haciendo mucho calor.

Una gran lluvia de meteoritos fue modificando el **relieve terrestre**.

El planeta **Theia chocó con la Tierra**, y dio lugar a nuestro satélite: la Luna.

En aquel entonces había muchísimos **volcanes de los que salían gases** y que originaron la primera atmósfera.

Océano prehistórico

El **vapor de agua**, al enfriarse, se convirtió **en lluvia**. Y llovió tanto que se formaron **los océanos**.

Se calcula que sucedió **hace unos 3500 millones de años**.

Los seres vivos surgieron en el mar.

EL OCÉANO PREHISTÓRICO

En esta masa inmensa de agua apareció la vida. La electricidad de los rayos unida a **los gases de las erupciones volcánicas** provocaron el nacimiento de las primeras formas de vida.

Las primeras criaturas del planeta

Bacterias

Estromatolitos
Son estructuras minerales formadas por la actividad de bacterias, que producían oxígeno.

Algas unicelulares
Realizan fotosíntesis y liberan más **oxígeno** a la atmósfera.

Tribrachidium

Cianobacterias

Arbórea

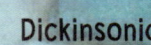
Dickinsonia

Todos los animales descienden de las bacterias.

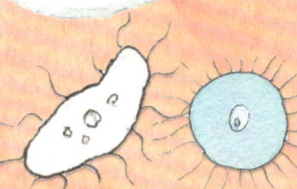

Las primeras formas de vida de la Tierra fueron **las bacterias**.

LAS BACTERIAS

Son **microorganismos**. Se trata de seres tan pequeños que solo pueden verse en el **microscopio**.

Existen en todos los rincones del planeta.

Resisten el frío y el calor extremos.

Esquema de una bacteria

Posee una sola célula sin núcleo.

ADN

Pelos

Flagelo

Se reproduce por división de sí misma.

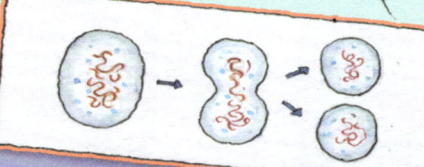

Luca

Es un personaje que imaginaron los científicos. Representa **la primera bacteria**, el antepasado común universal más reciente.

DE CÉLULA A ORGANISMO PLURICELULAR

La célula es la unidad más básica de todos los seres vivos.

La evolución de los **seres más simples** a los **más complejos** duró millones de años. ¡La tarea no resultó fácil!

Pero al fin se consiguió que **una bacteria** se pudiera **transformar en multitud de formas de vida,** como plantas, hongos o animales.

Uni = uno

Los organismos **UNICELULARES** fueron los primeros que aparecieron. **Son los más sencillos.** Por ejemplo, bacterias, arqueas, protistas...

Ameba

Renacuajo

Pluri = varios

Los organismos **PLURICELULARES** poseen un cuerpo **compuesto por muchas células** que forman tejidos. Es el caso de todos los animales, como la rana, el chimpancé o la cebra.

Tejidos - Órganos - Sistemas de un organismo

Vamos a **compararlos** con la construcción de una casa.

Imaginaos **las células como los ladrillos.** A su vez, estos se pueden agrupar en una pared (que sería el **tejido**).

La unión de las paredes forma una **habitación** (que podría ser un **órgano**).

Las habitaciones cuentan con radiadores, que, junto con las tuberías, forman un **sistema,** en este caso, el **sistema de calefacción.**

Todas las habitaciones constituyen la casa, es decir, el **individuo.**

Ladrillo

Una casa

Pared

Habitación

Sistema de calefacción

Casa

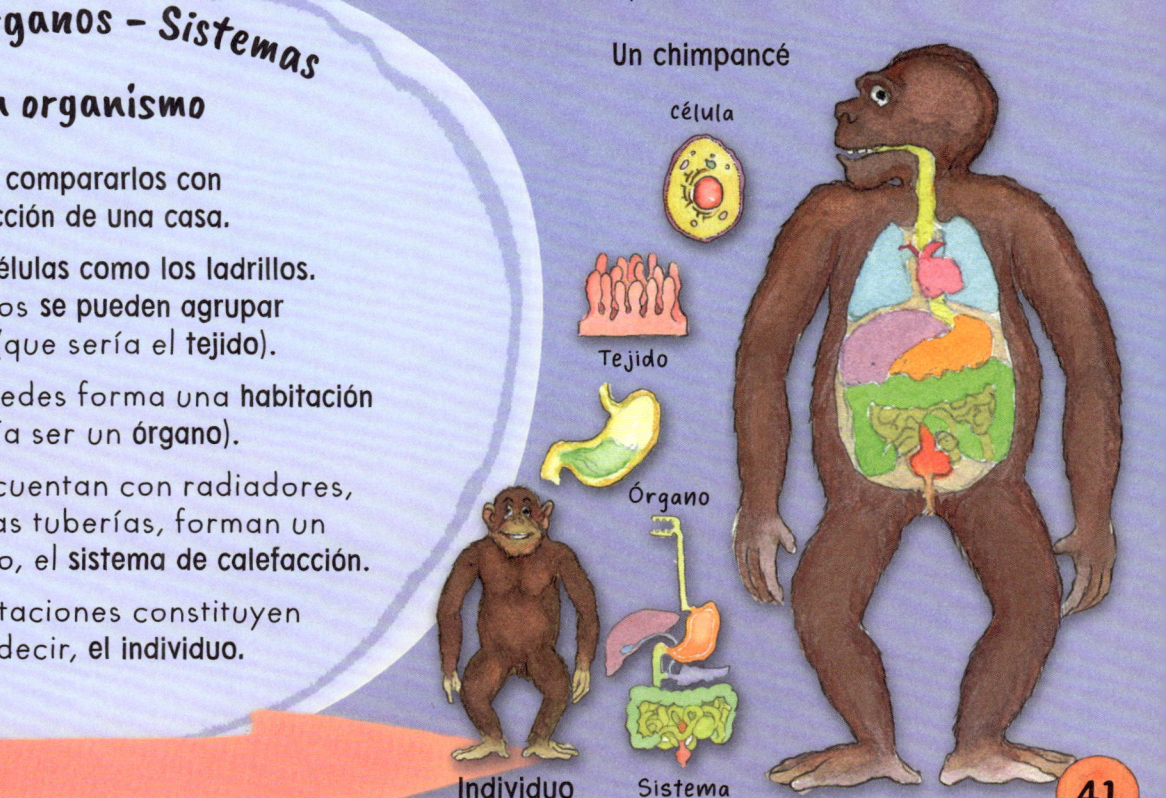

Un chimpancé

Célula

Tejido

Órgano

Individuo

Sistema

Charles **Darwin**

Teoría de la evolución

Los primeros naturalistas que estudiaron la evolución fueron el francés Jean-Baptiste Lamarck (1744-1829) y, más tarde, Alfred Wallace (1823-1913) y Charles Darwin (1809-1882), quien publicó, en 1859, *El origen de las especies*, un libro en el que documenta sus **teorías** sobre la evolución de los seres vivos.

LA SELECCIÓN NATURAL

Los seres mejor adaptados a su medio son los que sobreviven y desplazan a los menos adaptados. Se trata de un proceso lento, a lo largo de distintas generaciones, en el que se produce un cambio en los genes que los hace **más fuertes** y competentes. Ello conduce al surgimiento de **nuevos grupos**, como los pinzones que estudió **Darwin**.

Pinzones de las Galápagos

América del Sur

Islas Galápagos

El pico de los pinzones **fue sufriendo modificaciones** para obtener distintos tipos de alimento, y esto generó la aparición de nuevas especies.

¿QUÉ ES LA

Es el proceso por el cual los seres vivos van cambiando **para adaptarse al medio** en el que viven. Estas **transformaciones** se producen a lo largo de muchísimo tiempo, **generación tras generación**.

Gracias a la evolución se han originado

ASÍ EVOLUCIONARON

De dinosaurio a gallina

Las gallinas, como muchas aves, **son cescendientes de los tiranosaurios.** ¡Quién lo diría!

El feroz **tiranosaurio** era un carnívoro voraz.

Al **velocirráptor** le crecieron plumas en todo el cuerpo.

De mamífero terrestre a ballena

La evolución de la ballena es una de las **transformaciones más increíbles** de los animales. ¡Mira en qué se convirtió este pequeño paquiceto!

El **ambuloceto** tenía hábitos terrestres y acuáticos.

El **paquiceto** era similar a un lobo.

Evolución del caballo

Los antepasados de los caballos eran **parecidos a las ovejas** y podían medir de 20 a 40 cm.

El **mesohipo** era más grande, más alto, y tenía tres dedos, el central más prominente.

El **eohipo** tenía cuatro dedos en las patas delanteras y tres en las traseras.

EVOLUCIÓN?

Los estudios genéticos permiten observar la línea del tiempo de las especies. Así, se puede determinar el **origen común** y también **la diversificación de los animales**.

millones de formas de vida distintas.

ESTOS ANIMALES:

Las extremidades anteriores y los dedos del **arqueópterix** fueron alargándose.

El **iberomesornis** desarrolló una cola corta que usaba como timón.

El **avestruz** también **desciende del tiranosaurio.**

Gallina

El **rodoceto** perdió el pelo, las patas se convirtieron en aletas y cambió la dentadura.

Ballena

Aumentó de tamaño de forma increíble.

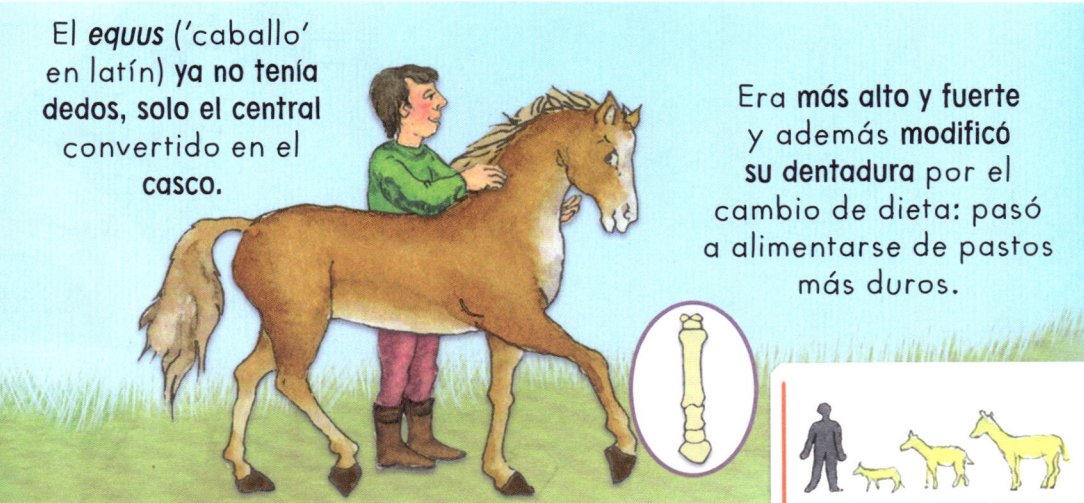

El *equus* ('caballo' en latín) **ya no tenía dedos**, solo el central convertido en el casco.

Era **más alto y fuerte** y además **modificó su dentadura** por el cambio de dieta: pasó a alimentarse de pastos más duros.

Adaptación al medio
Evolución de la jirafa

Este animal fue **alargando el cuello por** una cuestión de **supervivencia**, ya que los individuos con el cuello más corto no conseguían **alcanzar las hojas altas de los árboles**.

Existe una teoría que afirma que esa transformación **le sirvió también a los machos para competir con otros** por las hembras.

Antepasado común
De chimpancé a humano

Los **humanos** descendemos de los **primates**, al igual que los **chimpancés**.

Los chimpancés y los humanos compartimos un 99 % del ADN.

Nos parecemos mucho. **Nos diferenciamos en la posición de los pulgares** de las manos y de los pies, el **tamaño del cerebro** y la posición de la columna vertebral.

43

ANIMALES EN PELIGRO

En la actualidad, **muchas especies se encuentran amenazadas** en distintos grados. Es importante conocer las **causas** y los **efectos** para tomar medidas que **protejan la vida** y los ecosistemas de todo el planeta.

Nuestra Tierra

A lo largo de la historia, el planeta ha sufrido **cambios en el clima, la geografía y la geología**, muchos de ellos **provocados por catástrofes naturales** como volcanes, terremotos, huracanes, inundaciones, sequías e incendios.

A pesar de ello, **la Tierra tiene un equilibrio que permite la vida.**

NUESTRAS ACCIONES...

El calentamiento global debido al **uso excesivo de combustibles fósiles.**

La contaminación de los ríos y océanos a causa de **vertidos tóxicos.**

La caza, pesca y **extracción de recursos** a gran escala.

La **deforestación** para obtener tierras de cultivo.

Los **residuos plásticos.**

... TIENEN CONSECUENCIAS.

Condiciones ambientales

Durante el último siglo estas condiciones han empeorado y **muchos animales se están viendo afectados** por estos cambios.

La acción del ser humano provoca que algunos efectos naturales se aceleren.

Numerosas actividades humanas afectan a la vida de los animales, amenazando la subsistencia de numerosas especies.

Uso de pesticidas

Con estos productos no solo mueren arañas, gusanos, langostas y otros insectos, sino que también acabamos con las abejas, encargadas de polinizar las flores y así multiplicar las plantas.

Muchas aves, tortugas, peces, focas y otros **organismos mueren al ingerir plástico**, ya sea por accidente o porque lo confunden con alimento.

Residuos plásticos

Es uno de los mayores problemas del planeta: hay plástico por todas partes, incluidos los fondos marinos.

Sobreexplotación pesquera

Algunas **especies** marinas, como el atún rojo y el tiburón, se encuentran en **peligro de extinción** por la pesca excesiva.

Además, la sobrepesca produce graves desequilibrios en el ecosistema marino.

ESPECIES EXTINTAS O EN RIESGO DE EXTINCIÓN

Grandes extinciones

Se conocen **cinco extinciones masivas**. La última sucedió hace unos **65 millones de años** y fue la que **acabó con los dinosaurios**.

Algunos científicos advierten del peligro de **una sexta gran extinción.**

Símbolo de extinción

En riesgo

Se calcula que hoy en día existen **unas 5200 especies** diferentes en peligro de extinción. Estas son algunas de ellas:

Oso polar

Oso panda

Foca monje

Tigre de Bengala

Atún rojo

Tortuga laúd

Gorila

Rinoceronte de Java

Pingüino emperador

Foca monje del Mediterráneo

Perseguida, molestada y **amenazada** por el desarrollo turístico, ha quedado reducida a unas pequeñas zonas costeras.

Tortuga laúd

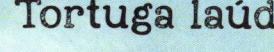

Está **amenazada por el ser humano,** que la captura para utilizar la **carne,** el **caparazón** y también sus **huevos.**

Además, estas y otras tortugas se **asfixian** al tragarse bolsas de plástico que hay en el mar cuando las confunden con las medusas, su alimento.

Oso polar

Los osos polares dependen del **hielo marino** para atrapar a sus presas y conseguir su alimento. El **calentamiento global** acelera el deshielo y produce el aumento del nivel del mar, restándole territorio al oso polar.

El rinoceronte de Java

Está al **borde de la extinción** debido a la **caza furtiva** en busca de su cuerno, utilizado en medicina.

Oso panda

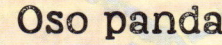

Este oso ha estado en peligro de extinción debido a la **deforestación de su hábitat,** pero, tras una serie de **programas** para su preservación, el número de ejemplares está **aumentando.** ¡Enhorabuena!

Cuidemos del planeta y de los animales

Existen otros animales en **situación de riesgo y vulnerabilidad,** como los chimpancés, los gorilas, los anfibios, el lince ibérico y un largo etcétera.

Para garantizar la biodiversidad es necesaria una **relación sostenible** entre la naturaleza y los seres humanos.

Por el mismo motivo, el rinoceronte blanco ya se ha extinguido.